O que não se pode dizer

Marcia Tiburi
Jean Wyllys

O que não se pode dizer
experiências do exílio

1ª edição

CIVILIZAÇÃO BRASILEIRA

Rio de Janeiro
2022

Copyright © Marcia Tiburi e Jean Wyllys, 2022

Todos os direitos reservados. É proibido reproduzir, armazenar ou transmitir partes deste livro, através de quaisquer meios, sem prévia autorização por escrito.

Texto revisado segundo o novo Acordo Ortográfico da Língua Portuguesa.

Direitos desta edição adquiridos pela
EDITORA CIVILIZAÇÃO BRASILEIRA
Um selo da
EDITORA JOSÉ OLYMPIO LTDA.
Rua Argentina, 171 — Rio de Janeiro, RJ — 20921-380
Tel.: (21) 2585-2000.

Seja um leitor preferencial Record.
Cadastre-se no site www.record.com.br
e receba informações sobre nossos lançamentos e nossas promoções.

Atendimento e venda direta ao leitor:
sac@record.com.br

CIP-BRASIL. CATALOGAÇÃO NA PUBLICAÇÃO
SINDICATO NACIONAL DOS EDITORES DE LIVROS, RJ

T431q

Tiburi, Marcia.
 O que não se pode dizer : experiências do exílio / Marcia Tiburi, Jean Wyllys. – 1. ed. – Rio de Janeiro : Civilização Brasileira, 2022.

ISBN 978-65-5802-073-8.

1. Tiburi, Marcia — Correspondências — Exílio. 2. Wyllys, Jean — Correspondências — Exílio. 3. Brasil — Política e governo. I. Wyllys, Jean. II. Título.

22-78526   CDD: 981.066
                           CDU: 94(81)"2018/..."

Gabriela Faray Ferreira Lopes — Bibliotecária — CRB-7/6643

Impresso no Brasil
2022

Sumário

Primeira parte: Novos exilados   9

Segunda parte: Lutar com pedras   63

Terceira parte: O Brasil está onde estou   93

Quarta parte: Conversa entre fantasmas   135

Quinta parte: Canções do exílio   161

Sexta parte: Feliz Ano-Novo   195

Sétima parte: O país que há de vir   223

Oitava parte: Longe do verão   265

Nós que aqui estamos por vós escrevemos.

PRIMEIRA PARTE
Novos exilados

A vida na contramão

Jean, meu amigo queridíssimo,

Todas as vezes que comecei a escrever sobre o exílio, foi impossível seguir adiante. Mesmo para quem foi treinada a falar sobre o que não se pode falar, a tarefa parecia mesmo impossível. Talvez porque nesse caso não se trate da *tarefa de escrever*. Talvez essas palavras venham de uma veia aberta, de um passo em falso, de um fundo perdido de uma caixa preta. De fato, não sei onde as encontro. Sei que esse gesto ultrapassa o exercício, a tarefa expressiva ou comunicacional de escrever. Talvez se trate de umas palavras precárias, como pão conquistado no meio da fome, como água no meio do deserto, um pouco de amor no meio da loucura.

Começo a escrever e já me faltam as palavras. Elas permanecerão neste livro como instrumentos precários, tal como é a vida. Dizer da alegria que senti quando combinamos de trocar estas cartas não é, contudo, nada difícil. A catástrofe está dada. A alucinação é real. O insuportável irrompeu à luz do dia. Contudo, escrevendo para você e com você, creio que posso atravessar esse curso estranho que a vida tomou, na contramão.

Tenho sonhos de que ando na contramão desde que saí do Brasil. Nos primeiros, havia exércitos de homens armados que seguiam em frente em uma mata fechada. Nesses sonhos, eu sempre tenho que atravessar na direção contrária hordas de homens vestidos para uma guerra que vem na minha direção. Porém, há alguns meses, venho sonhando que preciso andar na contramão dos mortos que marcham em um cemitério coberto por arame farpado.

São imagens do nosso tempo que irrompem nas minhas noites sempre atormentadas. Noites de pesadelo que me fazem lembrar, no dia seguinte, que é preciso viver, na prática, um dia de cada vez. E assim tem sido.

Meu pai morreu, Jean.

Já faz um mês que ele morreu. Eu não o via desde 2018. Eu conversava muito raramente com ele, pois meu pai era um homem analógico. Ele não tinha um telefone celular, por exemplo. Acho que nunca abriu um computador. Justamente por isso é uma estranha ironia da vida que eu tenha visto meu pai morto em seu caixão pelo vídeo do celular das minhas irmãs. Um homem vivo analógico se tornou um homem morto digital. Penso agora no caráter espectral da morte do meu pai, no caráter duplamente espectral dessa morte. Se toda morte transforma a vida que foi vivida em algo de espectral, no mundo já bem espectral em que vivemos, a vida das redes sociais com toda a alucinação que lhes concerne constitui uma alucinação de segunda potência.

Meu pai morreu e eu só pude acompanhar as suas exéquias dessa forma. Vi o seu corpo deitado no caixão numa tela. A constatação de que a vida e a morte já não são mais as mesmas é óbvia demais. Quanta gente, Jean, não pôde enterrar seus mortos durante a pandemia. É um exílio mundial dentro do qual acontece este nosso exílio. O exílio de cada um dentro do coletivo reverbera no meu exílio e o teu exílio no meu exílio e, de repente, temos um espelho diante do outro e a queda no abismo.

Tento falar todo dia com a minha mãe desde que meu pai morreu. Ela se adaptou bem a esse mundo digital de um modo que jamais seria possível para ele, devido à natureza mesma da pessoa que ele era. Tento ajudar meu irmão e minhas irmãs a preencher o tempo e isso significa desviar o tempo do sofrimento. O sofrimento é uma quantidade, além de uma qualidade. Eu sinto um buraco e uma dor no meio do peito, sabe? Todos ainda estão muito tristes, como não pode deixar de ser. Eu acumulo tristezas. Por um lado, penso no sofrimento físico do meu pai. Por outro, penso que esse sofrimento era também psíquico, pois ele morreu com o coração inflamado, tomado por uma bactéria. Parece uma morte simbolicamente bem carregada. Claro que toda morte é assim. Também estou triste por minha família, pois não estive com eles nesse momento pesaroso e sei que isso foi um peso a mais. Sei que meu pai, apesar de todo o silêncio e distância que caracterizava sua pessoa, prezava que os filhos estivessem perto dos pais na velhice. Devo carregar esse peso por não ter estado presente. Não me despedi dele. Num impulso, pintei seu retrato. Perguntei ao retrato por que ele morreu. Ele sorriu diante da minha pergunta. Tenho a impressão de que ele respondeu *tudo bem*, assim, com o ar de quem se salva na desimportância das coisas que o caracterizava. Agora o retrato está aqui onde eu moro atualmente e me serve de companhia.

Quando fui embora do Brasil, lembro bem de ter olhado para meus pais e pensado que talvez nunca mais os visse. Era um pensamento doloroso demais, desses que chegam com a violência da lucidez inevitável das horas limítrofes. Eu tinha um voo marcado para os Estados Unidos. Ia viver uns tempos em uma instituição que protege escritores perseguidos. O convite dessa instituição veio logo que falei para uma rede de escritores estado-unidenses sobre as ações do MBL invadindo meus eventos e provocando cadeias intermináveis de reprodutibilidade do ódio com sua fabulosa campanha de difamação que não cessou até hoje. Isso tudo começou muito antes da minha candidatura ao governo do Rio, pela qual eu fazia a minha última tentativa de poder ficar no Brasil. Eu achava que lutando a gente venceria. Continuo pensando assim. Eu quase não falava sobre essa perseguição, Jean. Eu era movida pelo desejo de que tudo passaria. E de que, quanto menos eu falasse, menos consistência e força eu daria aos algozes. Apesar de todas as minhas profecias pessimistas, vamos chamar assim, eu tinha muita esperança de estar errada sobre o que acontecia no Brasil. Eu queria estar errada.

Eu esperava que tudo fosse diferente, que o pesadelo não durasse tanto tempo. Quando saí do Brasil, foi porque não encontrei outro jeito de sobreviver. Durante o ano de 2018, as perseguições à intelectual pública misturaram-se às perseguições políticas, e era impossível viver em condições mínimas de segurança. Depois que o MBL me descobriu e surgiram as montagens com trechos distorcidos de entrevistas e frases minhas, eu comecei a receber ataques e ameaças de morte. A misoginia estrutural cedeu espaço ao ódio organizado. Eu já não tinha mais como trabalhar no Brasil. Não era possível sobreviver materialmente também. Assim, me vi obrigada a sair.

Na verdade, eu posso dizer que fui ejetada. Acredito que a ideia de ter sido catapultada para fora do país faz sentido também no teu caso. Vivemos, eu e você, um desterro. Somos os desterrados, ou seja, os que vivem sem seu próprio chão. Somos os párias do regime autoritário legalmente instaurado no Brasil tomado por gente sem escrúpulo nenhum. Somos o *homo sacer*, os banidos, os que foram marcados como inimigos. Somos os inimigos do regime fascista que é especialista em forjar inimigos para continuar seu projeto de mistificação. Por muito tempo, pensei em escrever um livro chamado *Estamos fugindo dos nossos caçadores*, pois era isso o que estava em jogo. É isso, somos os objetos de uma caça às bruxas. Nossa presença — analógica ou digital — é, por si só, alvo de violência. Um caçador tem o prazer de atirar e nós somos o alvo. Quem não os apoia ou os denuncia se torna caça para esses grupos. A caça, por sua vez, é usada para incitar a turba. Por isso, a perseguição não parou até agora, passados cinco anos. Fomos colocados nesse sistema como objetos da perseguição e usados para produzir ódio. Sempre foi assim, mas é preciso mudar isso e a gente segue tentando fazer essa mudança com a nossa denúncia sobre esse estado de coisas.

A presença de pessoas como nós, cuja imagem é sequestrada e vilipendiada há anos, coloca nossos corpos como um convite ao assassinato. Muitos que são perseguidos tentam agir a partir de uma ação que tem sido pouco profícua. Também eu tentei agir assim, "como se nada estivesse acontecendo". Hoje eu vejo que o meu gesto de dar as costas aos odiadores profissionais poderia ter custado a minha vida biologicamente falando, e certamente custou o todo da minha vida em todos os demais sentidos. Eu ainda não fiz um inventário da catástrofe. A gente vai falar sobre isso aos poucos.

Hoje, eu percebo com mais clareza que a nossa ausência é que fala e que é ela que precisa ser percebida e compreendida como um gesto político. Exilar-se é diferente de decidir ir embora. Sempre me pergunto se as pessoas entendem que não foi escolha e que não é uma escolha livre. Será que entendem que o fato de estarmos vivos, quando deveríamos ter sido assassinados pelos donos do poder atual, é, por si só, um sinal de esperança? E que essa esperança precisa ser garantida diariamente junto com a vida?

Nisso reside, a meu ver, a necessidade do exílio. Diante da banalização da ameaça da morte e da morte em si, ele se torna um estado politicamente necessário. Com a nossa ausência física, o nosso exílio torna evidente a violência política. Nosso exílio é o sintoma de uma democracia doente. Rejeitamos o fascismo com a nossa renúncia a viver "como se nada estivesse acontecendo" e com a politização da ausência. Essa ausência é, por si só, uma revolta. Evidentemente muito relativizada em tempos digitais, pois seguimos, através das redes, em ação política. É claro que a ausência é também muito sutil para ser percebida por certas pessoas.

Se essas pessoas pensassem no horror do assassinato de Marielle Franco, e em sua imensa e gigantesca ausência, se refletissem um dia sobre o corpo de Marielle Franco, morta com quatro tiros na cabeça por um grupo de extermínio, elas entenderiam a urgência e a pertinência de um exílio como o nosso.

O exílio diz muita coisa, mesmo que tentem distorcer o que significa viver em exílio. Quem vai entender que nós mesmos, quando saímos de nosso país, não tínhamos um nome para isso. Eu aprendi a dizer exílio. E quando não distorceram o que dissemos? Quando ouviram o que anunciamos?

Algumas vezes, ouvi gente dizendo: "Você foi embora, você não pode mais dizer nada." Ouvi barbaridades. Eu disse a essas pessoas: "Não, não fui embora." Quantas vezes foi preciso explicar a diferença entre morar em outro país por escolha própria e estar exilada para sobreviver. Eu poderia ter feito essa escolha, o que seria legítimo, mas infelizmente eu estou exilada. Que escolha há no exílio? Essa questão pode parecer pequena, mas vale a pena colocá-la.

Aqui na França — país que me acolheu, me dando um lugar numa universidade —, eu explico todos os dias que estou em exílio. Às vezes esqueço, pois também sou capaz de normalizar o anormal, e preciso me lembrar a cada dia de que não há trégua, que não posso esquecer o que está sendo feito contra mim e contra o meu país. Estar no exílio é lembrar a todo momento que já não se pode estar no lugar de pertença. Estar e não pertencer; não pertencer e estar, esse é o drama.

No começo dessa viagem que parece não ter fim, eu me sentia muito infeliz, pensando com perplexidade como um país poderia me doer tanto. A verdade é que dói cada vez mais. Sofrimentos se acumulam e o peso é a cada dia maior.

Eu preciso me demorar um pouco mais nesse tema do sofrimento, Jean. Preciso falar desses acúmulos, embora não saiba muito bem o que fazer com eles. Vou contar mais um sonho e falar mais um pouco sobre a minha mãe. Quem sabe eu possa me fazer entender para mim mesma. Porque estou refletindo enquanto escrevo. Não preparei uma teoria sobre esse tema. Estou afundada na possibilidade de dizer o que não se deixa dizer.

Há poucos dias, sonhei com um homem que abria um saco onde havia um outro homem morto. Eu pedi que ele não fizesse isso, pois tinha medo de ver naquele corpo o rosto de pessoas que eu amava. Há meses, depois que minha mãe adoeceu gravemente, ela me perguntou se eu demoraria muito para voltar. Eu disse que sim, que não pisaria no solo do Brasil governado pelo fascismo. Ela respondeu com outra pergunta: "Então não posso morrer, não é?" Rimos um pouco. Minha mãe tem esse jeito espirituoso de encarar a tragédia. Nesses tempos conversando com ela, vejo que aprendi a mesma tática de sobrevivência. É a saída do espírito, da arte, da escrita, e nem sempre é fácil. No meio de tudo, ouço minha mãe falar da própria morte e do tempo que pode haver até meu retorno. Perco as palavras. Todo o raciocínio me escapa.

Por isso, e por muitas outras coisas, quando ouço alguém dizer que o exílio é uma escolha, eu paro, respiro fundo e começo tudo de novo com a paciência que nunca deveria ter perdido ao longo da vida. A paciência é o desafio filosófico essencial. Somente depois do trabalho da paciência é que estamos preparados para os saltos mais radicais.

No argumento da "escolha" que é usado por muita gente e pelo qual se afirma que "você é responsável por suas escolhas", existe um subtexto. Ele diz respeito a uma espécie de culpabilização de quem escolhe. No fundo, quando alegamos a escolha, queremos dizer: "Esse é o preço que você tem que pagar" ou "Esse é o peso que você tem que carregar". Há um julgamento por trás desse imperativo de responsabilização. E se há julgamento, há veredicto. Responsabilizar-se por uma escolha implica pagar preços e preços implicam culpas que devem ser assumidas, mesmo quando elas não existem. Lembro do conto "O veredicto", de Kafka, quando o pai lhe diz: "Eu o condeno à morte por afogamento!" Essa condenação é o dogma que não admite questionamento. É a fala do juiz. Nos veredictos diários que sofremos, não há alternativa, seja para onde for que você corra, você está condenado. Condenado por ter se tornado uma pessoa pública em defesa da verdade e da democracia. Talvez esse excesso de julgamento em nossa sociedade seja um tipo de gozo. Talvez quem julga se sinta menos pesado, consiga sofrer menos projetando nos outros as suas próprias culpas. Talvez consiga fugir da parte que lhe é própria na questão da responsabilidade quando se trata de viver numa democracia.

Aqui entra o que é, a meu ver, o mais difícil e o mais importante. A responsabilidade como questão. Não podemos esquecer a imensa diferença entre a responsabilidade e a culpa. A culpa é individual. Nossa sociedade é tanto acusadora da culpa quanto cultuadora da culpa, ou seja, cria pesos e os distribui sobre os ombros de todos. Cada um tenta se livrar de um peso jogando-o sobre outra pessoa, pois é muito difícil suportar sozinho a culpa e mais ainda ver que a culpa só é superada e transformada em responsabilidade quando se descobre o seu caráter coletivo. Não há perdão na sociedade individualista, que é justamente a sociedade capitalista incapaz de assumir a dimensão coletiva da vida. A responsabilidade implica, na verdade, o coletivo. Na responsabilidade, o peso é carregado com menos dificuldade, pois cada um ajuda com a sua força para tornar o peso suportável e para solucionar os problemas reais. A responsabilidade é o cerne da solidariedade. Na culpa, dizemos: "Se vira!" Na responsabilidade, dizemos: "Há solução para tudo!"

Ora, a política é feita de responsabilidades. Ela cresce e viceja quando somos capazes de assumir a parte que nos toca na construção do comum que concerne ao coletivo. Nesse momento, não somos indivíduos apenas, nem tão somente objetos da sociedade, mas seres genéricos capazes de ser indivíduos e coletivo ao mesmo tempo. O indivíduo não é apagado, mas se torna uma questão coletiva. A responsabilidade surge não apenas como uma categoria ética, mas como uma categoria ético-política. Por isso, estou muito interessada em discutir a responsabilidade. Mas também estou interessada em falar da ética e da política como responsabilidade. E minha motivação é a certeza de que só é possível fazer o nosso país tão massacrado evoluir por meio de uma agência coletiva que implica responsabilidade pelo todo. Inclusive por nosso sistema político, pela fragilidade de nossa democracia, por nossos partidos precários, pela imaturidade e barbárie que viceja entre nós. Isso é o mais arriscado, porque implica voltar a insistir em um projeto de país. Mas somos feitos de recomeços, Jean.

Neste momento em que seguir em frente parece tão difícil, o diálogo com você só me dá alegria. E é essa curiosa alegria em meio à dor que me move, mesmo quando não me faz sorrir, mesmo quando está cheia de pesares e apesares. É a alegria como força revolucionária que irrompe no meio do horror e me salva neste momento, porque estou aqui com você e essa tarefa se torna menos impossível. Quem sabe seja até possível começar a ter sonhos e não mais apenas pesadelos.

Marcia

Barcelona, 20 de outubro de 2021 (outono)

Amada Marcia,

Se você está recebendo esta resposta, é porque, ao fim e ao cabo, eu consegui começá-la... Os começos são difíceis, você não acha? Creio que, por isso, a memória não retém, ao nível da consciência, o trauma do nascimento. Mas, fora essa dor primeira (esquecida, reprimida), superando-se a dificuldade em começar, todo o resto flui... Sendo assim, a resposta à sua carta também vai fluir a partir de agora, espero.

Porém, antes que eu entre no tema específico do exílio, que é o objetivo último dessa nossa correspondência, eu lhe pergunto: você também vive intrigada com essas duas pontas da existência, o início e o fim? Faço essa pergunta a mim mesmo cada vez mais, na medida em que penso todos os dias sobre como viver bem o hiato entre o início e o fim, e sobre como tornar tal viver um benefício para as outras pessoas...

O exílio é um começo difícil, mas o final vai depender do que fizermos dele, não é mesmo?

Marcia, querida, entrei em divagação antes de lhe agradecer por este convite. Desculpe-me. Muito obrigado! Muito obrigado! Para mim, o exercício de me corresponder contigo é um luxo ("*contigo aprendí que existen nuevas y mejores emociones*", recordei-me deste bolero agora). São muitos os motivos de contentamento. O primeiro é ter você como interlocutora: inteligente, sensível, criativa e ligada aos mistérios. Sou teu amigo porque te admiro, amada. O segundo é me dar a oportunidade de voltar a escrever cartas. Voltar a escrever cartas é voltar no tempo. Lembrei-me agora do quanto me fazia bem enviar cartas e esperar por elas. Já rolava, naquela época, a ansiedade da espera, mas era outro tipo de ansiedade, porque até mesmo isso muda com o tempo (ou se aguça à medida que temos menos tempo para nós). O fato é que, no tempo em que se escreviam cartas, eu esperava até meses por elas. Já cheguei a esperar um ano, veja só: um ano! Hoje, quando demoro mais de dez minutos para responder a uma mensagem enviada por aplicativo ou e-mail, o remetente já começa a me cobrar, ansioso pela resposta — o que também me deixa ansioso e me leva a querer responder mensagens na velocidade de uma máquina. Contarei sobre a minha ansiedade em nova carta, pois o assunto merece atenção. Fazer este exercício de trocar cartas mais ou menos como antigamente é uma forma de me lembrar de que não sou uma máquina nem devo estar a serviço das automações. Obrigado por isso! Por fim, o outro motivo de ser um luxo esta correspondência é a oportunidade de refletir sobre a experiência do exílio; ou melhor, sobre como é viver o exílio em tempos de globalização, interconexão e vigilância via satélites e redes de fibra ótica. Como podemos falar de exílio — esta experiência tão antiga quanto o pertencimento a um grupo — numa época em que podemos nos ver, por meio de transmissões ao vivo, em telas do tamanho da palma da mão? Numa época em que podemos estar sem estar? Como falar sobre o lugar em que estamos quando vivemos em uma dimensão (a internet) onde não há desterro porque não há terra? Entendo, portanto, a dificuldade de encontrar palavras.

Voltarei a alguns pontos de sua primeira carta nas minhas missivas seguintes. Escrevo esta em meio a outros tantos trabalhos (a maioria deles relacionados com a tarefa de permitir que você e eu vivamos o "desexílio", ou seja, que nosso país volte a nos dar as condições mínimas de viver nele). Ando cansado, amiga. As incertezas cansam.

Antes de terminar estas linhas, quero lhe falar da sincronicidade (salve Jung!) da vida: dois dias depois de você me convidar a trocar cartas, uma nova amiga que fiz, Vanessa, deu-me de presente o romance *A caixa-preta*, de Amós Oz, que é todo construído na forma de uma correspondência.

Bom, minha amiga, fico por aqui por hora. Sig (que você já conhece bem) está aqui me demandando. Ser pai de pet não é fácil (risos).

Dá vontade de não parar de escrever, porque sua carta me provocou muito. Mas tenho que parar por agora. Faz frio em Barcelona, já é tarde da noite e eu ainda vou fazer comida.

Te amo,
Jean Wyllys

P.S.: Sua obra *Terr'Adourada* é muito forte.

Barcelona, 21 de outubro de 2021 (outono)

Querida Marcia,

Depois de lhe enviar minha carta, enquanto preparava a comida, pensei comigo: "Minha amiga vai achar que não dei a devida importância ao relato honesto e doloroso que ela me fez em sua carta, sobre as razões que a obrigaram a deixar o Brasil." Pensei nisso porque não fiz referência explícita a essas questões em minha resposta, e apenas lhe disse que voltaria a alguns pontos em próximas cartas. Senti-me um tanto culpado. Por isso, parei de cozinhar para lhe escrever nas primeiras horas do dia seguinte, ainda madrugada, esta nova e breve carta. Eu acho que ter divagado ou filosofado em vez de ter feito menção aos fatos horríveis que a expulsaram do país foi uma forma de defesa psíquica… Desde que li sua carta pela primeira vez, atacou-me a ansiedade. Reavivou-me uma memória doída, reabriu-me uma ferida. Você sabe que compartilho, como vítima, de grande parte da violência que você relata em sua carta (de outras tantas). Talvez, por essa razão, eu tenha sido menos direto na resposta. Contudo, as pessoas que lerão esta correspondência merecem saber as razões objetivas — os fatos concretos de violência política — que nos expulsaram do Brasil. Depois de os tornar claros, aí sim, poderemos filosofar e divagar sobre este além. Na próxima carta, eu contarei detalhes que você talvez ainda não saiba sobre meu sofrimento. O leitor certamente ainda não sabe. Eu contarei. Narrar o horror é importante. Fico por aqui. Voltarei a cozinhar e a ver a madrugada da janela. Talvez beba o resto de vinho que tenho na geladeira.

Te amo,
Jean

Barcelona, 25 de outubro de 2021 (outono)

Querida Marcia,

Espero que esteja bem, na medida do possível. Veja, escrever-lhe mais uma carta antes de sua resposta não é só sinônimo de minha ansiedade (risos), mas da necessidade de conversar/refletir contigo sobre as questões que nos dizem respeito...

Mais cedo, concedi uma entrevista ao jornal *Metrópole*, de Brasília, concorrente do *Correio Braziliense*. O repórter era educado, gentil e aparentemente inteligente, mas não avançou muito em relação às questões que a imprensa brasileira (mesmo a alternativa) tem me apresentado nos últimos dois anos e meio. Uma vez mais, a questão do exílio me foi apresentada como se tivesse sido uma opção minha. Isso está expresso na pergunta: "E aí, quando você pretende voltar ao Brasil?", que reforça a falsa ideia de que estou fora do meu país porque quero e que posso voltar assim que desejar.

Nada pode ser mais enganoso, mistificador e injusto conosco do que essa desinformação, para dizer o mínimo, como você deixa claro em sua primeira carta a mim.

Pergunto-me, no caso do repórter de hoje, se se trata de uma questão geracional... Para muitas das pessoas com menos de 30 anos de idade no Brasil, o exílio é quase um fóssil político; por baixo, um fenômeno relacionado à ditadura militar, que durou mais de duas décadas. Ninguém com menos de 30 esperava que o Brasil tivesse novos exilados; talvez daí a dificuldade de entender nosso exílio e a tendência — injusta — de tratá-lo como "opção"...

Marcia, não culpo essas pessoas (refiro-me às de boa-fé). Formalmente, não foi o governo de extrema direita eleito em 2018 — por meio da campanha eleitoral mais sórdida que o país experimentou até hoje, porque eivada de mentiras e outras violências terríveis — que nos exilou. Foram as forças políticas e econômicas que o elegeram que nos obrigaram ao desterro como forma de seguirmos vivos e produtivos. Já era sabido desde a eleição que esse governo nascido do esgoto usaria a máscara mortuária da democracia para esconder sua face autoritária — e, portanto, não nos mandaria para o exílio formalmente. Ainda que o então candidato da extrema direita tenha dito claramente, em seu último comício — transmitido de sua casa para uma multidão na avenida Paulista —, que mataria a oposição política de esquerda, em especial os petistas, seus aliados políticos se encarregaram de forçar nossa saída por meio dos onipresentes assédio moral, difamação e ameaças de morte, ou seja, por meio do terror. O terrorismo da extrema direita isentou o governo neonazifascista disfarçado de "democrata" de nos exilar oficialmente, até mesmo porque nós servíamos de cobaia à forma nova e complexa de propaganda política. Nossa presença, de certo modo, era necessária para que fôssemos usados de escada para o ódio. Tudo isso, imagino, deve estar na raiz do pensamento de quem acha que nosso exílio e nosso "desexílio" são "opcionais".

Eu respondi pacientemente ao repórter — ressaltando que eu estava, naquele momento, uma vez mais no lugar da vítima — que estar fora do país não é um desejo meu. Acrescentei que o fato de as pessoas não saberem qual é a minha condição era culpa dele e da imprensa. Esta imprensa que me obriga a falar do horror ao qual não se prestou atenção quando se deveria ou, em alguns casos, o qual se corroborou. Disse a ele que exigir que me explique sobre um conjunto de violências de que fui vítima por anos é como exigir de uma mulher vítima de violência que dê detalhes e explique sobre a violação mesmo sabendo que isso voltará a lhe causar dor.

O repórter elogiou minha franqueza e honestidade intelectual. E eu lhe respondi que não costumo ser diferente, sobretudo depois do processo de difamação. A difamação é, como sugere a etimologia, uma degradação forçada da fama à infâmia, que traz muita dor e sofrimento; porém, como nada nessa vida é preto no branco, a infâmia, em sua zona cinza, ampliou minha coragem e liberdade para dizer a verdade, ainda que pereça o mundo, para parafrasear nossa amada Hannah Arendt. Nunca me senti tão livre para dizer as verdades incômodas, para desfazer as mentiras compartilhadas.

Sinto-me como aquele monge de uma das cenas de *Os irmãos Karamázov*, de Dostoiévski. Contra todas as expectativas dos que fingiam não estar diante de um cadáver apodrecendo, porque compartilhavam a mentira de que o corpo de um "santo" não apodrece, o monge abre a janela para que o fedor saia e todos respirem melhor. Este sou eu, Marcia, para o bem e para o mal (risos). O meu cuspe na cara do fascista que hoje preside o Brasil, naquela noite horrenda de

17 de abril de 2016, quando a presidenta Dilma Rousseff foi deposta por um golpe, teve a ver como essa minha postura, essa minha intolerância com as mentiras compartilhadas.

Pensando na difamação como degradação, caída da fama à infâmia, vem-me à cabeça o mito judaico-cristão do Anjo de Luz empurrado do Céu à Terra por ter plantado a dúvida (o embrião da liberdade de pensamento) na mente do primeiro casal de humanos. O que Deus talvez não esperasse (ou talvez sim, no caso de ser onisciente; porém, admitir que ele é onisciente é vê-lo como cúmplice, se não como perpetrador da barbárie no mundo) era que o Anjo Caído fosse gostar da queda e desenvolver um tipo de amor por todos os caídos, impelindo-os a reagir pelo ódio e pelo abuso do livre-arbítrio: a mentira com fins de destruição.

O outro Anjo Caído, mas não empurrado, mais conhecido na mitologia judaico-cristã como Jesus, buscou responder à queda com o amor e a verdade, ainda que perecesse seu mundo.

Pois, amiga, como diz o poema do português José Régio: "Eu, que nunca principio nem acabo,/ Nasci do amor que há entre Deus e o Diabo."

Talvez neste momento algum leitor esteja me chamando de herege ou de louco. ¡Me da igual!

Hoje faz muito frio. E neste momento estou num bar e restaurante "pé-sujo", inaugurado em 1942, tomando uma sopa salgada, mas gostosa.

Te amo,
Jean Wyllys

O início e o fim

Jean, meu amor,

O computador guarda a data dos arquivos. Comecei a rascunhar possíveis temas para nosso diálogo no dia 7 de outubro. Hoje já é dia 26, muita coisa aconteceu — ou desaconteceu —, e seguimos aqui, no digno, embora trágico, ofício de escrever.

Das muitas questões que você coloca, sendo impossível falar de tudo, queria começar dizendo que, sim, eu vivo intrigada com as duas pontas da existência, o início e o fim. Minha mãe sempre conta que eu nasci muito rápido. Entre sentir a dor do parto e meu nascimento, antes mesmo de chegar a parteira (eu nasci em uma casa pobre na periferia de Vacaria, no Rio Grande do Sul), foram dez minutos. Isso me faz pensar que também vou morrer de um modo rápido, espero que suficientemente velha para estar em paz com a vida que tentei viver, e suficientemente jovem para dar conta de mim mesma. Eu sigo com Michel de Montaigne defendendo a ideia de que filosofar é aprender a morrer. E morrer é vasto, é simbólico e físico, e isso ainda não toca o inexplicável da morte. Ou o inexplicável da vida. Um dia eu te falarei sobre as minhas teorias da evolução fisioteológica. Porém, agora, quero pegar essa trilha no meio do éter e dos escombros fascistas que partilhamos desde 2018, apenas porque é o nosso destino. E como se diz quando se encontra alguém numa situação inusitada e dificílima de acontecer: "Se tivéssemos combinado não tinha dado certo!" Logo, nosso encontro não é por acaso, é pura sincronicidade.

Na sua primeira carta, você fala sobre o difícil começo do exílio. É uma caminhada onírica e real ao mesmo tempo. Faz lembrar das viagens dos personagens de Kafka rumo a lugar nenhum. Tem uma morte nisso. Por mais que eu e você estejamos sempre renascendo, reinventando a nós mesmos, não conseguimos romper esse estigma da morte. Tem mais morte do que nascimento nesse processo de viver no exílio, nesse exílio que alguns, sem senso histórico, tentam deslegitimar. Eu sempre penso em Victor Hugo — um desenhista como nós dois —, que, em 1851, denunciou a ditadura de Napoleão III e saiu da França até 1870, quando caiu o ditador, tornando o seu exílio um emblema da resistência. Lembremos que ele escreveu *Os miseráveis* fora da França.

Muita gente acha que, uma vez longe do seu país, você sabe menos sobre ele. Como se a presença física garantisse o saber. Como se o saber não viesse da análise que exige pesquisa, como se a distância hermenêutica não fosse potente.

Há poucos dias, respondi a uma entrevista de Leneide Duarte-Plon na qual ela citava o escritor Sami Tchak, do Togo, para quem o exílio é uma "morte simbólica". Eu respondi a ela dizendo que sim, é uma morte, mas talvez, em vez de simbólica, valha a pena falar em uma morte histórica. Não é apenas comigo, pessoa física, que a coisa se dá. Aliás, o nosso exílio é uma espécie de *habeas corpus* que demos a nós mesmos em um país mergulhado no estado de exceção.

Há um luto histórico a ser considerado. Perdi o meu país. Perdemos o nosso país. Esse é o meu luto. O luto de muita gente que está em risco e permanece lá. A nossa experiência comum implica hoje esse luto partilhado. No começo, eu pensava: "Como posso sofrer tanto por um país?" Hoje, eu penso: "Como posso continuar sofrendo tanto por um país?"

Por isso, eu almejo isso que você nos traz de Mario Benedetti: o "desexílio". Mas, como aconteceu com Victor Hugo, isso vai demorar um pouco, porque não colocarei os pés no Brasil enquanto ele for governado por fascistas que já não têm sequer vergonha de dizer seu nome. Os fascistas brasileiros se regozijam em sua infâmia. Gabam-se de sua própria miséria espiritual, os cretinos. Gozam vendo o povo morrer de doença e fome porque são diabólicos. Eu permanecerei firme produzindo essa ausência com todos os preços a pagar, apesar da dor. E espero que a nossa ausência seja cada vez mais objeto de reflexão, como tem sido para muita gente, pois o Brasil é feito de muita gente lúcida, apesar de estar tomado pelo delírio fascista. E espero que, sendo objeto também de julgamento, o nosso exílio leve as pessoas a refletir sobre a desgraça da democracia pela qual todos somos responsáveis.

A gente vai voltar a esses tópicos dolorosos, certamente. Mas é importante equilibrar as emoções, e, por isso, desvio o olhar para pensar no que você estava cozinhando enquanto escrevia uma das cartas que me enviou. Não sinta culpa, por nada. Nunca!

De fato, das coisas materiais que deixei para trás, não sinto falta senão de um fogão com chama de fogo, sabe? Há anos venho cozinhando nesses fogõezinhos térmicos em que cabe uma panela. Um fogão com fogo realmente me faz falta. Você sabe que eu sou uma pessoa da cozinha. Porém, cozinhar algo minimamente palatável se tornou um desafio aqui. Se eu voltar ao Brasil, vou arranjar um daqueles fogões mineiros gigantes construídos dentro de casa para fazer minhas feijoadas vegetarianas. Não sei como, mas vou! Falo isso rindo, Jean. Esse período de exílio me deixou como um balão solto no ar. Eu estou precisando de algo que me lembre um chão.

Aliás, você viu a escritora moçambicana Paulina Chiziane, que acaba de ganhar o Prêmio Camões, sentada ao lado de sua "fogueira"? Você tem que ver. Eu vou te mandar o vídeo por telefone. Essa imagem da Paulina ao lado do seu fogo me causou profunda alegria. Ela disse ter vindo do chão, do lugar nenhum. De algum modo, eu que não tenho chão, me encontro na imagem dessa mulher que escreve dentro da sua casa, ao lado do fogo. É o seu chão que eu almejo. Eu que não tenho fogão e não tenho casa.

Com amor,
Marcia

Uma vez mais, a questão do exílio me foi apresentada como se tivesse sido uma opção minha. Isso está expresso na pergunta: "E aí, quando você pretende voltar ao Brasil?"

Jean Wyllys

Barcelona, 27 de outubro de 2021 (outono)

Amada Marcia,

Assim que li, em sua carta, que Victor Hugo era também desenhista, corri para buscar reproduções de seus desenhos na internet. Passei horas mirando-os.

Mirando... Veja, eu estou, sem querer, sem notar, sem esforços, incorporando palavras, estruturas frasais e expressões do castelhano à minha fala e à minha escrita; não estranhe, juro que é espontâneo. Afinal, exilar-se é também se exilar da língua mátria, aquela de que se é feito, tecido desde a mais tenra infância, a língua da mãe.

Identifiquei-me com os desenhos de Hugo. Há muita sombra neles. É possível perceber os contornos da "longa insônia" — sua definição para o exílio — que ele viveu. Obrigado por ter me dado essa informação! Sempre aprendo com você, minha amiga.

Não sei se cheguei a te contar isso. Quando Milton Hatoum esteve em Lisboa, Portugal, para lançar um dos volumes de sua trilogia *O lugar mais sombrio*, a jornalista Pilar del Río, viúva de José Saramago e hoje presidente da fundação que leva o nome dele, convidou-me para um colóquio com o escritor amazonense. Ele adorou a sugestão. Eu ainda não havia lido seu livro. O convite chegou-me às pressas, aproveitando minha breve passagem pelo país. Aceitei, claro. E li o livro em dois dias. Uma maravilha. E só então entendi o outro motivo do convite (os primeiros motivos eram o acolhimento e a admiração que me presta Pilar, pessoa admirável): o personagem de Hatoum era um exilado, que nunca conseguiu sair definitivamente do Brasil, nem chegar totalmente a Paris. O personagem habita esse "não lugar", para citar o conceito do antropólogo francês Marc Augé; esse "além" que é o exílio. Andar pelas ruas de Paris assombrado pela identificação de rostos e lugares conhecidos em pessoas e espaços desconhecidos. Assim vivo eu, amiga, com o agravante de que, ao contrário do personagem de Hatoum, não sou anônimo para brasileiros vivendo fora ou em viagem de férias — o que quer dizer que vivo assombrado não só pela projeção dos rostos conhecidos em caras estrangeiras, mas sobretudo pela possibilidade de algum desses rostos que me parecem estrangeiros ser, na verdade, o de um brasileiro fascista, eleitor de Bolsonaro, alguém que acredita em mentiras e *fake news* e é capaz de perpetrar um atentado ou violência física... Aliás, foi ali, em Portugal, na Universidade de Coimbra, dias antes desse encontro com Pilar e Hatoum, que um fascista atirou um ovo contra mim e Boaventura de Sousa Santos, enquanto proferíamos uma palestra no auditório da universidade. Boaventura entrou em pânico. O ovo poderia ter sido uma pedra, uma faca, um tiro... Pela primeira vez, os brasileiros de esquerda vivendo em Portugal se deram conta do ódio e da violência que a extrema direita estava mobilizando no Brasil desde 2016. Antes que eu me esqueça de te dizer, esses fatos — tanto o encontro com Hatoum e Pilar quanto a agressão na Universidade de Coimbra — aconteceram em 2019. Portugal se tornou, para mim, um campo minado. O país está cheio de brasileiros de classe média e alta que sabotam a social-democracia no Brasil, financiando a extrema direita, para viver o Estado de bem-estar social governado por socialistas. Ou seja, Portugal está cheio do pior tipo de brasileiro.

De maneira geral, por prevenção e proteção, eu corro de qualquer ambiente em que escuto alguém falando português do Brasil. Isso me dói muito. Não queria agir assim, amiga. Sou uma pessoa que gosta de pessoas (ou gostava, não sei). Mas as marcas dos inúmeros episódios de insultos e agressões físicas por parte de brasileiros fascistas me impedem de baixar a guarda, de me desarmar. Entre as muitas coisas que o fascismo me tirou, de maneira violenta ou com o tempo, está algo que eu adorava em mim: sorrir alegre e honestamente para toda e qualquer pessoa, como se toda e qualquer pessoa estivesse aberta ao afeto.

O medo de me deparar com fascistas brasileiros aguça minha ansiedade. Desenvolvi síndrome do pânico por causa disso, e por todos os outros traumas que a difamação causou em mim. Em outra carta, eu lhe conto mais detalhes sobre como estou enfrentando essa enfermidade — e esta é a segunda vez que faço a promessa de falar desse assunto!

Em uma de minhas cartas anteriores, mencionei a cena de *Os irmãos Karamázov*. Um monge abre a janela para deixar sair o fedor do cadáver que apodrece. No entorno, há um grupo de pessoas que compartilha da mentira de que ele vai ressuscitar porque é santo. Lembra? Pois, ontem à noite, li que, no Brasil, a mulher de um pastor evangélico conseguiu, na Justiça, que o marido só fosse sepultado três dias após sua morte. O tal pastor, segundo ela, teria recebido, em 2018, uma mensagem divina segundo a qual ele, depois que morresse, ressuscitaria no terceiro dia, como Jesus de Nazaré. O corpo ficou três dias numa funerária. E faltando poucas horas para o prazo de três dias se encerrar, uma pequena multidão se aglomerou na frente da funerária à espera do "milagre"... Bom, não houve um monge para desfazer essa mentira compartilhada. O cadáver teve, porém, o destino de todos os cadáveres (risos).

Mais apreço eu tive por um rato que vi morrer ontem à noite. Você sabe que tenho pavor de ratos, fruto talvez de uma memória ancestral, marcada em meu código genético. Pois ontem, enquanto caminhava, vi um rato enorme do outro lado da rua. Paralisei de medo. Pensei: "Não vou atravessar até ele sair dali." O rato então se moveu na minha direção, buscava algo para comer no chão da rua que atravessava. Eu o observava, parado. E eis que um ciclista o atropelou justo quando ele estava no meio da pista. Foi tudo rápido. Eu não queria o atropelamento. Esperei uns segundos. O rato se levantou e tentou andar um pouco. Até andou — e isso me deu a esperança de que seguiria vivo. Contudo, depois de alguns passos, ele parou, agonizou e ficou no meio da estrada. Senti um remorso. Quis ajudar o rato. Mas como? Não gosto de ratos, Marcia, mas a vida de um deles se esvaindo diante de mim despertou-me uma súbita solidariedade.

Bom, amiga, fico por aqui.

Minha bolsa está atrasada. O aluguel também, portanto. Mas não vou sofrer por isso agora.

Eu sigo vivo. E hoje é aniversário de Lula.

Um beijo,
Jean Wyllys

Barcelona, 2 de novembro de 2021
(princípio de noite fria)

Querida Marcia,

Nem sei como você receberá mais esta carta antes de sua resposta à última... Talvez você pense: "Jean está ansioso demais" ou "Jean está me pressionando" (risos). Um pouco de ansiedade, sim — porque sou ansioso, você já sabe —, mas nenhuma pressão. Responda-me em seu tempo. Porém, não quero perder os temas que me vêm à cabeça nem a oportunidade de me abrir a quem confio. Nesses últimos dias, trabalhei bastante. Participei de um colóquio organizado pela Fundação Friedrich Ebert em que tratei das novas formas de violência política, sobretudo na cultura digital; também fiz uma conferência de abertura na reunião do Setorial de Direitos Humanos do PT de Minas Gerais.

No evento da Friedrich Ebert, que reuniu representantes de partidos de esquerda da América Latina e do Caribe, fiquei impressionado ao ver que esses partidos ainda não têm uma noção mais aprofundada do capitalismo de vigilância nem da economia da desinformação e da difamação programadas para lucros financeiros e políticos — que é como defino esse novo negócio engendrado pelas plataformas de comunicação —, tampouco do controle das emoções políticas por parte desse tipo de negócio.

Já no evento do PT sobre direitos humanos, espantou-me a quantidade de dirigentes e filiados que ainda encaram os direitos humanos como uma esfera autônoma aos demais direitos — "o campo dos direitos humanos", assim se referiam —, e não como uma noção que articula e é transversal a todos os campos, da economia à ecologia, passando pela cultura e pela infraestrutura urbana.

Dediquei-me a dar uma aula sobre a história dos direitos humanos porque sequer essa historicidade era observada, e a maioria tomava a noção de direitos humanos como um dado da natureza.

Confesso que me deu uma certa tristeza... Porque meus dois mandatos como deputado federal foram dedicados à materialização dessa noção de direitos humanos como o conjunto inseparável e não hierarquizado dos direitos políticos, econômicos, sociais, ambientais, culturais, sexuais e reprodutivos que constituem o princípio da dignidade humana. Eu acredito fielmente nesse princípio, mesmo havendo tanta indignidade por parte das pessoas de modo geral. É a crença que me move. Em discursos e intervenções nos principais meios de comunicação (até mesmo no cinema: sim, estou me referindo a todos os documentários de que participei, como *O riso dos outros*, *Democracia em vertigem* e *Ilegal*), comícios, atividades acadêmicas e livros, mas sobretudo na práxis política, busquei efetivar esses direitos e afirmá-los no imaginário ao menos dos militantes dos partidos de esquerda. Porém, a impressão que tive no encontro é que mesmo as esquerdas sofrem de perda de memória e, por conta disso, ou se perdem no meio do caminho ou voltam para o lugar de onde partiram. Sem memória, não há vida.

De qualquer forma, propus algo desafiador para o novo governo Lula, caso seja eleito: que dê um passo além em relação aos governos anteriores e faça do Ministério dos Direitos Humanos a principal pasta de seu governo, com incidência em todas as demais. Isso, sim, seria um marco no século XXI. Um governo que colocaria os negócios e a economia subordinados aos direitos humanos, formalmente.

Marcia, hoje eu assisti a uma entrevista do sociólogo Domenico De Masi em que ele relembra uma história que ouviu de Gore Vidal: mineradores costumam levar canários para o trabalho, porque eles funcionam como uma espécie de sensor vivo para um gás letal e (a princípio) inodoro expelido pela terra. Os canários são os primeiros a morrer, e sua morte serve de alerta para os mineradores, que deixam o local antes de serem envenenados. Para De Masi, esses pássaros são a alegoria da intelectualidade e da cultura em relação às ditaduras. "A principal barreira contra a ditadura é a cultura", diz ele.

Impossível não relacionar essa história conosco. Eu poderia interpretar que os canários — esses mártires — são as minorias sociais, sexuais e étnicas, sempre as primeiras a morrer quando o veneno do fascismo começa a exalar. Mas há, na história de Vidal, um aspecto que não corresponde ao que se passa com as minorias: os trabalhadores se importam com a morte dos canários e os reconhecem como "mártires".

No caso das minorias, não. Com exceção dos memoriais construídos para lembrar o genocídio judeu durante a Segunda Guerra Mundial, as minorias massacradas pela tirania são sempre esquecidas — ou a história, quando escrita, não lhes dá a devida importância. Ao contrário, transforma em heróis aqueles que, num primeiro momento, negaram que o gás estava exalando apesar da morte dos canários.

Contudo, posso também interpretar a morte dos canários como o trabalho de intelectuais e artistas quando detectam o veneno do fascismo exalando inodoro. Nesse sentido, seu livro *Como conversar com um fascista*, que tive a honra de prefaciar, e o meu *Tempo bom, tempo ruim* foram os primeiros canários postos nas minas para alertar sobre a nova ascensão da extrema direita no Brasil. Também cumpriu esse papel o filme *Entre os homens de bem*. Bem como a performance de nosso querido amigo Wagner Schwartz e a exposição *Queermuseu*. Canários ignorados, mas não por nós, você e eu, que conseguimos sair da mina antes de morrermos envenenados pelo gás.

Bom, amiga, fico por aqui. Ainda sigo com problema de grana porque a renovação da bolsa da Open Society Foundations (OSF) está agarrada na burocracia. O aluguel está atrasado, mas já conversei com a proprietária sobre minha situação. Ela sabe que sou honesto e que, nesses dois anos, nunca atrasei o aluguel. Marcia, eu preciso lhe contar melhor sobre o papel que o querido Pedro Abramovay, da OSF, teve em minha saída do Brasil. Sobre como a OSF garantiu minha dignidade humana e intelectual, bem como meu trabalho. Eu devo muito a ele, à sua sensibilidade e generosidade. Sabia que ele, Pedro, é um grande letrista? Que compôs com mestres da MPB? Conto isso em outra carta.

> Fique bem.
> Te amo,
> Jean

P.S.: Falei dos canários mortos sem me dar conta conscientemente de que hoje é Dia de Finados no Brasil.

Quase três anos

Jean, meu amor,

Hoje já é 3 de novembro, o dia está frio e eu estou em Berlim.
Cada vez que você me escreve, sinto uma alegria profunda. Escreva mais e muito. Assim como você, estou aqui envolta na instabilidade, na precariedade, na eterna ânsia de organizar qualquer coisa, seja uma urgência burocrática, seja um trabalho atrasado, sejam possibilidades fantasmáticas de futuro a médio e longo prazo. Como você sabe, eu moro de favor, como dizemos no Brasil, em 27 generosos metros quadrados cedidos por amigos. Já faz um ano que estou neste apartamento. Há muito tempo vivo com a sensação de não saber onde vou morar nos próximos meses. Agora, vem o final do ano. No próximo Natal, terei somado três anos consecutivos sem que eu possa estar em família, e isso me pesa muito. A instabilidade se une à saudade. Eu vivo em um estado esquisito de solidão, um estranho torpor afetivo e mental. Eu diria banzo, mas o banzo era acompanhado da escravização, e não se deve fazer esse tipo de comparação, embora a palavra me soe tão intensa. Talvez eu possa usar o termo inglês *homesickness*, ou o alemão *Heimweh*, ou o francês *mal du pays*, ou só *nostalgia*,

que em italiano é bem diferente do português. Mas me deixa falar uma coisa antes de mais nada: como você sabe, meu salário tem que ser suficiente para mim e para minha filha, mas eu posso tentar mandar algum dinheiro pra você. Não se preocupe, eu sei que você faria o mesmo por mim.

Suas palavras me fazem pensar sobre o nível do despreparo das forças democráticas diante do avanço do autoritarismo. O capitalismo de vigilância, a economia da desinformação e da difamação programadas para lucros financeiros e políticos, tudo isso que você menciona é apavorante, e temos apenas a fragilidade da verdade para fazer frente ao horror. A verdade não importa ao poder e ao capital. Naquele livro que publiquei em 2020 sobre o turbotecnomachonazifascismo, falei sobre esse "fascismo de mercado", que não é exatamente um "mercado fascista", mas trabalha com os elementos do fascismo, como a mentira e o ódio, transformados em mercadorias. Ou seja, não se trata de pensar apenas no fascismo a serviço do neoliberalismo, mas em algo mais perverso, que é o próprio fascismo como capital. Nesse caso, não apenas a desinformação está a serviço do capitalismo, mas ela mesma se tornou uma mercadoria rentável. Gostei da tua formulação: economia da desinformação e da difamação. Vou adorar ler essa tese.

Faz alguns dias que um dos filhos de Bolsonaro postou no Twitter um vídeo que é o maior estimulador de ódio contra mim, aquele em que eu digo que existe uma lógica no assalto. Eu já expliquei isso várias vezes, escrevi textos, falei em entrevistas. Acho que vou ter que fazer o vídeo como se fosse uma espécie de "institucional", porque é inacreditável como isso circula. É um vídeo muito bem montado. Mas veja só o que pensei à medida que venho elaborando a minha experiência como exilada e vítima de campanhas de difamação. Antes eu achava que, como figura que pudesse representar as potências do pensamento reflexivo, esses difamadores tivessem percebido em mim alguma periculosidade; depois me dei conta de que, na verdade, sou apenas um objeto útil. Eu sou um *token*. Eles alcançam duas frentes por meio da utilização da minha imagem: abatem as mulheres e a esquerda. A minha imagem foi sequestrada para servir como uma espécie de material útil nas campanhas de ódio. Me usando, fazendo de mim uma espécie de metonímia, a campanha de ódio às feministas e às esquerdas está garantida, pois me vendem como um pessoa horrível que defende bandidos e assaltos. Acontece o mesmo com você, eu sei. E não temos como nos proteger muito disso. Ninguém tem como nos proteger disso.

Pensei na seguinte estratégia para desmontar essa maldade: me filio a um partido de extrema direita e dou um nó na cabeça desses estrategistas do mal. Não se preocupe, por mais experimental que eu possa ser, isso não passa de uma brincadeira. Não tenho como conter as ações desses abusadores morais e políticos. Aliás, recentemente conversei com mais um advogado que me disse que não vale a pena, que não dá para fazer nada contra esse tipo de coisa e contra gente desse tipo. Me restou me sentir muito só mais uma vez.

Há dias, um amigo escritor que encontrei em um festival literário em Portugal me fez uma pergunta que continua reverberando no meu espírito: *Marcia, você percebeu como está sozinha?*

Essa pergunta me faz companhia há vários dias.

Eu não sei o que fazer com ela.

Barcelona, 3 de novembro de 2021 (outono)

Querida Marcia,

Tenho muita coisa para fazer — faxinar a casa, responder uns e-mails e preparar uma proposta de assessoria de imprensa —, mas deixei tudo de lado para responder à sua carta. Conversar contigo é quase uma terapia que eu nunca fiz (risos).

Eu não sabia que não se podia usar a palavra "banzo" fora do contexto da escravidão dos povos da África subsaariana... Usei essa expressão muitas vezes para descrever um sentimento ao qual não sabia dar nome, uma sorte de angústia ou nostalgia por algo que eu não havia vivido conscientemente, algo de que tivesse memória. Quando falava desse sentimento estranho para minha amiga Renata Leão, e ela não entendia, eu acrescentava: "Talvez seja uma saudade da mãe África." Com isso, Marcia, eu queria dizer, sem nenhuma base científica, que havia algo naquela tristeza que me assaltava de vez em quando e que estava inconsciente ou geneticamente relacionado à diáspora, aos porões do navio, ao desterro forçado...

Eu não encontrava nenhuma outra palavra que traduzisse tão bem aquele sentimento em mim que não "banzo".

Não sou daqueles que se sujeitam aos excessos da polícia do politicamente correto. Se a existência da polícia já representa uma linha tênue entre a segurança e a coerção, os excessos são nada mais que violência e tirania, inclusive quando falamos da polícia da língua. Assim, seguirei usando banzo, e, se você me permite, eu diria, sim, que você está de banzo ou sentindo um tipo de banzo...

Sem querer ser invasivo nem te diagnosticar, fazendo exercício ilegal da psiquiatria, talvez você esteja deprimida. O banzo era um tipo de depressão nostálgica produzida pelo horror de ser arrancado da própria terra, apartado da família, destituído de sua própria língua, crença e cultura, e de ser escravizado além-mar...

Não há termos de comparação entre o que aqueles humanos viveram e nós vivemos hoje. Não há termos de comparação entre os fugitivos das guerras civis de hoje, em países da mesma África subsaariana. Não há termos de comparação entre os que emigraram da Síria destruída por um ditador e a história de qualquer outro refugiado. Enfim, não há termos de comparação entre experiências individuais vividas em tempos e/ou espaços distintos. Podemos, no máximo, mensurar e quantificar os horrores em termos coletivos e compará-los; identificar movimentos políticos similares em diferentes países; escavar os artefatos do passado sobre os quais o presente se assenta; perceber como ideologias são transmitidas... Mas nunca poderemos comparar as agonias e sofrimentos individuais.

Eu fujo de algumas músicas brasileiras, evito lugares que me remetam a paisagens conhecidas no Brasil. Evito estar em silêncio comigo. Estou lendo sempre, desenhando, escrevendo... Faço isso porque me deparar com o fato do exílio me leva ao chão, principalmente porque uma das razões de eu ter saído foi para ter uma vida, algo que já não tinha no Brasil desde que a violência começou a se abater sobre nós.

Cada vez que meus irmãos me enviam fotos dos meus sobrinhos, meu peito se aperta. Eles estão crescendo sem minha presença física. Eu sou o tio que eles conhecem da tela do computador... Quando penso que posso morrer sem abraçá-los, sem ver minha mãe e meus irmãos de novo, eu desabo.

E quem me colocou nessa situação não fui eu. Foi a extrema direita que ascendeu no Brasil a partir de 2013. E com você aconteceu o mesmo. Isso nos colocou numa espiral de violência que não nos deixou alternativa, caso quiséssemos continuar vivos e produzindo um mínimo, caso não quiséssemos seguir como cadáveres políticos. E mesmo aqui, como você mencionou na sua carta, você e eu seguimos como um motor da economia da desinformação e da difamação contra a esquerda e os movimentos sociais. Cada vez que o governo neonazifascista de Bolsonaro e a direita que o sustenta precisam mobilizar suas hostes, usam peças de difamação contra nós. Somos os catalisadores do ódio e do ressentimento de fracassados, misóginos e homofóbicos que não encontram abrigo diferente da caricatura da pátria e de Deus. E o pior é que esse veneno intoxica também muita gente autoproclamada "de esquerda". Ontem, alguém do PDT estava no Twitter reproduzindo a mentira de que eu teria vendido meu mandato a Glenn Greenwald. Essa pessoa fez isso porque eu disse que a possível candidatura de Moro desidratava a de Ciro.

Veja, é uma análise política... O sujeito responde à análise reproduzindo uma mentira contra mim, contra minha honra...

Ah, Marcia, não entregarei os pontos. Se sobrevivi até aqui, farei o possível, darei o melhor de mim para seguir sobrevivendo, e vivendo. Seguir aqui é minha grande resposta contra eles.

Estou me tratando da ansiedade (ou depressão ansiosa) produzida por todo o horror que vivi (e ainda vivo): as ameaças de morte por e-mail e telefone; as ameaças de morte à minha família; o assédio e as intimidações na Câmara dos Deputados; a tentativa de linchamento físico na Lapa, no Rio de Janeiro; a sabotagem vinda de meu próprio partido; a campanha de difamação orquestrada para destruir minha reputação e a agenda política que eu representava; a falta de solidariedade dos correligionários; a reclusão em casa em busca de proteção; a partida às pressas; o frio na alma... Tudo o que meu corpo suportou sem ajuda até o início do confinamento por conta da pandemia.

Seguirei aqui. E ao seu lado. E, assim, respondo à sua pergunta, amiga: você não está só! Enquanto eu estiver aqui, você não estará só.

Viver será nossa resposta.

Jean

P.S.: Vou me encontrar hoje com Julie e Steffi. Steffi leu *Sob os pés, meu corpo inteiro* e amou. Falaremos disso hoje.

P.S. 2: Obrigado pela preocupação com a grana. Mas o comentário sobre minha situação financeira não tinha a intenção de te pressionar (risos).

Temos apenas a fragilidade
da verdade para fazer
frente ao horror.

Marcia Tiburi

Uma rara festa no meio do caminho

Jean, amadíssimo,

Hoje é dia 5, estou no avião voltando da casa da Sylvia Klein e do Stephen Bronk, os dois cantores de ópera — ela brasileira, ele americano —, que vivem em Berlim e são duas pessoas que amo muito e que conheci por acaso numa hospedagem política em 2019, quando você também estava em Berlim. Talvez você também os conheça. Jamais imaginei que eu curtiria um Halloween, festa que é uma superprodução na casa desses amigos absolutamente acolhedores, divertidos e adoráveis. Sylvia e Stephen são criadores de mundos. Eles criaram uma família para mim e Lulu por esses dias, com direito a luxos mil, tais como café da manhã que durava até o meio-dia e conversas que se estendiam até a madrugada, na companhia de Lucy, a cachorrinha. Foram estranhos dias de paz. Tão bons como os dias em Barcelona com você. Gente amiga tem sido a minha sorte nesses tempos em que viver virou luxo.

Fizemos um passeio único, fomos até o cemitério no qual está o túmulo de Rosa Luxemburgo e Klaus Liebknecht. Na verdade, o corpo de Rosa não está lá, ele desapareceu em 1919, quando ela foi assassinada. Há a hipótese de que tenha sido jogado no rio Spree sem mãos, pés ou cabeça e depois recolhido em um necrotério, há uns trinta anos. Quando estive lá, em 2015, e finalizava um romance que se passa em Berlim (cujo título é *Uma fuga perfeita é sem volta*, publicado pela Record, em 2016), eu visitei esse túmulo, e, na ausência de flores, deixei o desenho de uma rosa.

Coloquei essa cena no romance. Eu estava voltando muito vagarosamente a desenhar desde 2014, depois que uma parede caiu sobre mim no Museu de Arte Contemporânea da USP, durante uma defesa de tese de doutorado em Artes de cuja banca eu fazia parte. Devo ter te contado essa história longa, que pode ser resumida no fato de que eu só não morri porque estava curvada, desenhando. Realmente, quando a parede caiu sobre mim, eu estava desenhando. Acabei assinando a ata quando acordei, já na ambulância. No hospital, me disseram que eu não poderia fazer certos exames porque não havia sido socorrida devidamente. É uma longa história em que simbólico e real se entrelaçam, mas o fato é que não senti medo de morrer em nenhum momento. Basta falar que a tese reunia uma coleção de obras baseadas em procedimentos e materiais ultradelicados e se chamava *Área de risco*, para você saber por onde andei.

A arte nos protege da morte, e, nesse caso, operou-se uma redenção concreta, sincrônica e milagrosa. Interpretei esse evento como algo além de um sinal, tipo um aviso. E, por isso, desenhar e pintar, como tenho feito desde aquela época, e com mais tempo desde o final de 2018, tem sido uma forma de sobreviver, mas também de prestar homenagem à vida. Quando penso que desenhei uma flor para Rosa Luxemburgo, sabendo que ela não está em seu túmulo, presto homenagem a essas vidas imensas que a morte não apaga, a essas pessoas que permanecem presentes em nós, em nossos atos e palavras. Penso na semente que Rosa foi, nesse significante túmulo vazio. Assim como penso na nossa amada e admirada amiga Marielle Franco.

Diante da arte, a morte simplesmente para e aprecia a obra sem pressa nenhuma. Talvez o desenho que a gente faz seja isto: uma redenção. Embora toda redenção da morte seja, como diz Ailton Krenak, um adiamento do fim do mundo.

Desculpe se estou te assustando ou cansando com essa conversa. Estou contando uma parte bem importante da minha vida. Essa parte que em Michel de Montaigne vem tão bem expressa: "Filosofar é aprender a morrer." Eu fui uma criança que frequentava o cemitério porque uma das minhas tias, italiana e católica, nos levava até lá toda semana para dar água aos mortos e para trocar as flores. Era praticamente o nosso único passeio na vida. Talvez o culto dos ancestrais tenha assumido para a minha tia a forma de um culto àquela paisagem gótica e estranhamente romântica. Creio que esse hábito foi trazido ao Rio Grande do Sul pelos imigrantes italianos do século XIX, época em que o gótico, como estética e estilo de vida, ainda estava em vigência na Europa. Lembrei muito disso nesses dias em Berlim, cidade que me fascina e apavora.

Talvez por remeter à minha infância, eu me sinta em casa nas paisagens silenciosas e abandonadas dos cemitérios, tal como o cemitério dos socialistas em Berlim.

Contudo, havia muitas flores nos túmulos com data de 2020. Eu e meus companheiros de passeio nos perguntamos se seriam os mortos da covid-19. A eternidade ali passava pelas árvores em cores outonais absolutamente extasiantes, amarelo, dourado, cobre, verde. A eternidade estancava seu fluxo de repente nesses monumentos recentes.

Eu sei que o cemitério envolve uma imagem do horror, mas, ao mesmo tempo, é a verdade do acolhimento que só a natureza é capaz de dar ao nosso corpo, seja vivo, seja morto. A mesma natureza da qual o capitalismo abusa, humilha e despreza. Mas isso é assunto para outra carta, tendo em vista que está sendo sempre muito doloroso escrever.

Eu devo estar falando sobre isso tudo convocada pelo tema da depressão que você menciona. Também eu fui uma jovem melancólica. Na faculdade de artes, eu ia aos cemitérios, menos em busca de inspiração para desenhar do que para entrar no espírito dialético inerente à relação entre morte e vida. Então, acho que não é bem depressão o que se passa no meu caso, senão a depressão cívica, até porque eu sinto que tenho energia para trabalhar, não fico prostrada; contudo, é, de fato, uma melancolia pesadíssima, que encontra seu estado de conforto no silêncio do tempo e do espaço dos cemitérios.

Eu sempre sonhei muito com cemitérios, e isso voltou a acontecer recentemente. Estou dando voltas porque a paisagem do cemitério fala comigo, e, de certo modo, eu me sinto em casa. Para uma pessoa exilada, sentir-se em casa em algum lugar, mesmo que inóspito, é uma grande coisa. De fato, é preciso falar do exílio como condição existencial, mas no meio da morte da natureza, lembro da Conferência do Clima que aconteceu em Glasgow e me pergunto o que será de nós quando não tivermos mais a Terra como casa. E, neste instante, quando finalizo esta carta, fico sabendo da morte trágica da cantora Marília Mendonça, de apenas 26 anos, e me entristeço porque a vida podia ser mais fácil para todo mundo.

Só quero contar mais um detalhe. É que, em Berlim, almocei muito rapidamente com o Rafael Cardoso, que é neto e bisneto de exilados da Alemanha nazista. Ele vive em Berlim há alguns anos. Preciso contar uma coisa que ele me falou e que concerne a nós dois. A frase foi a seguinte: "Eu não tenho dúvida de que você está em exílio, Marcia." Não lembro como e por que ele disse isso. E seguiu dizendo que eu vivo todo o roteiro do exílio, tal como seus avós e bisavós viviam: as perseguições, as ameaças, a perda do lugar, a perda da posição, a fuga eterna (talvez em busca da "fuga perfeita" que é a fuga para lugar nenhum, como o personagem do meu livro que viveu, como nós, uma espécie de desterro do Brasil em Berlim).

Eu queria falar sobre isso porque, no meio do esfacelamento de tantos mundos, essa frase costurou um pouco as coisas e eu achei que podia seguir firme, apesar dos remendos, por mais um tempo.

Obrigada por estar costurando o tempo comigo.

Querendo te abraçar muito e bem apertado.

Marcia

Barcelona, 11 de novembro de 2021 (outono)

Amada Marcia,

Sua carta é tão densa e emocionante que nem sei direito como começar a responder...

Comecemos, então, por Rosa Luxemburgo. Você se lembra de que tiramos uma foto, você e eu e a estátua em homenagem a ela, em frente à fundação que leva o nome dela em Berlim? Uma foto linda tirada logo depois da reunião da Fibra (Frente Internacional de Brasileiros contra o Golpe), onde falamos de nossos exílios e do assassinato de Marielle Franco. Eu me lembro bem de que, em nossas falas, fizemos uma comparação — guardadas as devidas diferenças e peculiaridades de cada caso — entre os assassinatos de Rosa e de Marielle... Dois exemplos de que a "sociedade da dominação masculina", como bem definiu Bourdieu, fez deste mundo um lugar horrível para as mulheres, sobretudo para aquelas que ousam pensar sobre — e principalmente desafiar — essa sociedade. Seu destino — graças às deusas, às orixás, às forças espirituais que a protegem — não foi o mesmo delas, porém, você é igualmente vítima da sociedade da dominação masculina por questioná-la com seu pensamento. E pensar — no sentido de refletir sobre o bem e o mal nas relações interpessoais, nas relações das pessoas com as instituições e empresas e nas relações das pessoas consigo mesmas — é um ato revolucionário nesse sistema que busca nos reduzir à condição de mercadorias, objetos de compra, venda e fetiche.

Nós, homens gays assumidos (principalmente os queers) — e eu já te disse isso pessoalmente —, somos os desertores desse patriarcado heterossexista, lamentavelmente sustentado também por mulheres, e pagamos um preço alto por isso. Muitos intelectuais e políticos gays foram exilados, difamados, presos e assassinados. Para citar alguns exemplos: Paolo Pasolini, Harvey Milk, Alan Turing e Oscar Wilde. Em 27 de novembro, completam-se 43 anos do assassinato de Milk nos Estados Unidos; três dias depois, dia 30, a morte de Wilde no exílio, em Paris, faz 121 anos; e por fim, em 1º de dezembro, a morte em autoexílio do grande escritor James Baldwin, negro e gay, faz aniversário de 34 anos.

Em resumo, ainda que a gente se debata e busque outros finais mais felizes (e oxalá consigamos!), há algo desses destinos que se repete em todos nós que ousamos pensar e desafiar o *status quo*.

Por isso, fique tranquila: você não me assusta ao falar da morte com tanta beleza e intimidade. Já tive mais medo de morrer, Marcia. Hoje tenho menos, porque, como disse você, citando Montaigne, a filosofia tem me ensinado a morrer, ou melhor, a viver, enquanto não chega a morte ou coisa parecida. Vou contar uma história curiosa. Aos 10 anos de idade, eu soube que o mundo acabaria no ano 2009. Tive um choque. E comecei inconscientemente uma corrida contra o tempo e pela vida que seguiu, mesmo depois de ter descoberto, um ou dois anos mais tarde, que o mundo não acabaria. Naquele pavor infantil, eu introjetei a consciência da finitude. E a vida me pareceu e me parece preciosa, um luxo apesar da dor. Quero aproveitá-la ao máximo! Aliás, foi justamente para seguir vivendo esse milagre que caí em exílio. Entre ficar para morrer de morte matada e sair para seguir uma vida de luta, escolhi o segundo caminho, doloroso, mas sem a possibilidade de ser assassinado no horizonte.

Eu não cheguei a conhecer o túmulo simbólico de Rosa Luxemburgo. No dia em que o conheceria, logo após uma conferência dos partidos da esquerda socialista europeia (nessa ocasião eu ainda era deputado federal), cujos filiados saíram em marcha rumo ao cemitério, sofri o que só hoje identifico como uma crise de pânico. Fazia muito frio e nevava. Hoje eu sei que minha ansiedade também tem conexões com as reações alérgicas do meu corpo ao frio. Naquela época, não sabia. Senti um aperto no peito e uma dificuldade em respirar. Então, voltei correndo para o hotel.

Espero ir até lá, um dia, prestar minha homenagem à memória de Rosa Luxemburgo, como você fez. Talvez também lhe deixe o desenho de uma rosa.

Marcia, amada, que história chocante essa da parede que caiu sobre você. Que loucura! Sofro quando tento me colocar no lugar das vítimas dessas fatalidades, ainda que sejamos todos vítimas em potencial desse tipo de acaso ainda na vida uterina.

O melhor desse episódio horroroso é que você voltou com toda carga ao desenho. Seu trabalho me impacta muito. Sinto-me feliz de compartilhar com você também esta relação com as artes visuais.

Em outra carta, prometo falar sobre a minha relação com o desenho e a pintura, que são atualmente minhas boias emocionais no tsunami de desinformação e ódio.

Eu conheço Sylvia Klein. Conheci em Berlim, rapidamente. Gostei de saber que ela te acolheu como num canto.

Paro por aqui porque faz frio e tenho que me vestir adequadamente para encontrar um tradutor do tibetano que pode virar um amante de uma noite, ou duas, ou quem sabe...

Te amo,
Jean

SEGUNDA PARTE
Lutar com pedras

Me atravessam as formas do amor

Meu amor,

Você é, para mim, um real amor, Jean. Considerando que valorizo demais a fratria (tenho um irmão e três irmãs que amo muito), sinto que você faz parte dessa família. A fratria é o meu modo de fazer comunidade. O amor que tenho pelos meus irmãos de sangue (com quem sobrevivi e partilhei sofrimentos e saberes que se tornaram constitutivos) se estende aos meus amigos, amigues (essas palavras queer têm que entrar cada vez mais na nossa língua) e amigas. Quanto mais eu te conheço, mais tenho certeza de que viemos da mesma placenta cósmica (eu te imagino dando uma gargalhada daquelas com expressões assim). Sorte te ter na minha vida.

De fato, eu acho que somos muito parecidos. Que tenhamos saído juntos do Brasil, sem que um tivesse falado antes para o outro, tem algo de uma sincronia mágica, além das outras tantas que temos, mas tem uma coisa que você tem bem mais e melhor do que eu: memória. Lembrei dessa foto que você menciona apenas porque você a menciona. Depois lembrei da gente caminhando na chuva em uma passeata ao lado de outras pessoas. Lembro das fotos, mas não lembro aonde fomos. Um dia quero falar com você sobre a errância, mas não agora.

Fico sempre pensando como a memória se constitui, e, para mim, ela sempre é feita de imagens. Eu realmente não lembro do que quero lembrar, não sou tão dona da minha atenção como gostaria. Contudo, há imagens que são maiores do que eu, que me pegam e permanecem em mim. Talvez eu viva uma espécie de paixão da imagem, daí que nesses tempos difíceis as imagens proliferem em formas artísticas como borboletas em ambiente propício.

O lado ruim disso é ser vítima do esquecimento. Eu esqueço até o nome dos inimigos. Às vezes, lembro de Nietzsche a dizer que o esquecimento é uma sorte, mas lastimo que eu perca também muita coisa boa e que não guarde o nome de quem me faz violência.

Enquanto escrevo, atravessa-me o tema do amor, o conceito, a prática, os conteúdos e as formas do amor. Já me questionei muito sobre isso. Engraçado evocar o tema do amor para interromper uma reflexão sobre o esquecimento, ou antes, o esquecimento contra o tema do amor. O contrário do amor talvez não seja o ódio, mas o esquecimento. Esquecimento rima com ressentimento.

Foi lendo a *Gradiva* de Freud que cheguei à conclusão de que o amor é uma imagem. Quero dizer, o amor é uma imagem que se torna memória, mas uma memória que faz bem. Onde há essa forma de memória não há ressentimento. O ressentimento seria uma espécie de memória má. Uma memória que faz sofrer. E o amor é uma memória que faz bem, porque é uma memória carregada de sentido. Estou aqui viajando nisso e pensando nos amores perdidos, deixados para trás, nos amores impossíveis, problemáticos, inviáveis. Não falo apenas dos amores românticos, mas dos amores amigos e do amor ao mundo que é preciso não esquecer quando a vida parece perder o sentido. Há muito amor no mundo, mas talvez haja ainda mais ressentimento e é nessa tensão que descobrimos que o trabalho da vida requer consciência disso tudo.

Algumas coisas de que falamos em Barcelona sobre o amor romântico como uma forma antiga e ultrapassada de amor continuam ecoando para mim. Eu sempre fui crítica do amor romântico. É evidente que essa forma de amor diz respeito a algo que se desenvolveu na história para acobertar relações de dominação. Contudo, sempre confiei nas parcerias. No fundo, ocupando esse lugar de "mulher", acho que também fui vítima disso, das idealizações que são parte das relações heterossexuais. Espero estar conseguindo me livrar disso, superando as minhas "decepções" nesse campo e podendo assumir minha verdadeira natureza, que é a solidão. Decepções comigo mesma, na verdade, por ter achado que deveria viver junto. Engraçado é sermos vítimas de ideias e perceber como as ideias são concretas e fazem peso mesmo na vida de quem acha que domina o campo das ideias!

Fato é que o todo da minha vida desmoronou, também nesse território. E já não há mais amor romântico, no meio do exílio até meu casamento acabou. Isso acontece. Por fim, para completar o tempo das reviravoltas, acabo de saber que devo deixar meu apartamento emprestado em pouco tempo. A corrida para achar uma casa para morar recomeça agora.

(Em tempo: você estava indo para um encontro e eu fiquei com os dedos cruzados para que tenha sido bom!)

Hoje é dia 14 e lembro de Marielle Franco e todo o sofrimento com as pequenas coisas da vida se relativiza. O que é viver, Jean, depois que se vê uma companheira como ela ser assassinada? A gente segue, como você colocou muito bem, mas a vida se torna uma espécie de pesada tarefa ética e política, maior do que era antes. Como não "ressentir" diante de um assassinato tão absurdo?

O inverno está chegando de novo. Eu espero te ver em breve. Vem passar o Ano-Novo comigo.

Marcia

Barcelona, 15 de novembro de 2021 (outono)

Amada,

Você não é a primeira pessoa a me falar da minha boa memória. Vários outros amigos, amigas e amigues (eu quero que estas palavras queers se incorporem a meu vocabulário com naturalidade, sem que seja uma imposição) já me disseram isso. O historiador Sidney Chalhoub — principal responsável, ao lado de James Green, por meu período na Universidade Harvard — repete estas palavras cada vez que nos falamos: "Jean, como invejo sua memória!" Eu rio meio sem jeito, sempre. Não apenas porque não sei receber elogios, mas porque — por favor, não ria de mim neste momento — me vem à cabeça a possibilidade de perda dessa memória. Trata-se de um pensamento típico de quem sofre de ansiedade: "Será que pelo fato de as pessoas elogiarem tão frequentemente minha memória eu posso vir a perdê-la?" Aí me vem o medo da doença de Alzheimer, esse apagamento progressivo das memórias, começando pelas mais recentes e se dirigindo ao passado, até desfazer a consciência — uma força contrária àquela que esculpe o sujeito; como se, no caso da doença de Alzheimer, esse sujeito fosse esculpido de areia, desfeito por sucessivas ondas.

Como lhe disse, sei que é um pensamento típico de quem sofre de ansiedade. Uma insegurança. Mas creio que minha subjetividade foi esculpida em diamante ou pedra-sabão. Eu gosto mais do diamante, menos por ser uma pedra preciosa do que por vir das profundezas da terra antes de adornar o mundo com beleza. Já a pedra-sabão me agrada porque pode ser facilmente polida, se transforma quando é friccionada com outras pedras e, como diz um poema de León Felipe sobre pedras soltas, pode servir de funda, como aquela usada por Davi para derrotar o gigante Golias. Talvez eu seja um pouco de ambos, diamante e pedra-sabão (risos).

Partindo de sua bela reflexão sobre o amor, posso afirmar categoricamente que o amor me transformou numa joia rara, num singular diamante natural. E quando me refiro a amor, estou falando daquele sentimento mais amplo que nasce da relação entre a empatia, o cuidado, o respeito e a gratidão, que deve ser recíproco em relações interpessoais, mas não em relação a si mesmo (amor-próprio). É este o sentimento que tenho em relação à minha mãe, meus irmãos e irmãs, meus amigos e minhas amigas; sendo você uma delas, Marcia. Eu te amo e digo sem medo. Perceba que, na minha forma de compreender o amor, se algum dos componentes da mistura — empatia, cuidado, respeito e gratidão — falta ou se retira, o amor está ameaçado. E, nesse sentido, o amor romântico não seria mais que o acréscimo do desejo sexual a essa mistura, que, principalmente no caso de heterossexuais, quase sempre é, em função da propriedade privada e da transmissão da herança, constrangida com pactos ou votos de fidelidade e/ou com contratos de partilha de bens que sempre dão vantagem aos homens. Eu acho que o matrimônio igualitário (ou casamento gay) até deu uma freada nesses constrangimentos no caso das relações homossexuais ou dissidentes da heteronormatividade. Porém, é cada vez maior o número de casais de bichas ou sapatas reproduzindo aquele mesmo lixo que já ameaçava o casamento hétero.

Todos os meus amores românticos viraram só amor (sem o componente da atração sexual) antes que esse lixo surgisse. Não tenho paciência para ciúme, para posse, para cobranças, desconfianças nem abusos. E, já te disse, amo fazer sexo sem amor — a redundância contraditória é proposital (risos) —, sexo como esporte. Aliás, tão bom quanto o amor sem sexo é o sexo sem amor.

Você diz que se esquece até dos inimigos. Essa talvez seja uma enorme vantagem sua em relação a mim. Eu me lembro de todos eles. E do que fizeram comigo. Sou capaz da reconciliação (sim, desde que li os cadernos de anotações de Hannah Arendt, bani a palavra "perdão" de meu vocabulário, pois, segundo a filósofa — e nisto concordo com ela —, o perdão não inclui reparação nem responsabilização). Mas não esqueço dos inimigos. Repito a mim mesmo, assim como a personagem Arya de *Game of Thrones* (exilada em terras estranhas como nós dois), o nome de todos eles enquanto busco justiça.

Justiça, Marcia. Sem justiça não há reconciliação. Sem memória não há reconciliação possível. Não tenho ressentimento, muito embora compreenda que ele nasce da experiência real ou imaginária da injustiça. Os brancos racistas se ressentem em relação ao PT por causa da experiência imaginária de injustiça na inclusão que o partido propiciou ao favorecer o convívio com os pretos em espaços e instituições que os brancos acreditavam que lhes pertenciam por direito divino. O mesmo se pode dizer dos homofóbicos em relação à minha presença na esfera pública. Nesses casos, a experiência de injustiça é apenas imaginária, não sustentada em fatos ou dados. Já um ativista do movimento negro ou do movimento LGBTQIA+ pode se tornar — e muitos têm se tornado — ressentido pela experiência real de injustiça, comprovada por dados e fatos que demonstram as violências sofridas por um indivíduo que pertence a coletivos historicamente alijados de direitos.

Eu não tenho ressentimentos apesar de todo o mal que me fizeram desde que me tornei pessoa pública, especialmente como deputado federal. Porém, tenho a memória de todo esse mal. Tenho boa memória. E a capacidade de narrar os fatos e identificar os perpetradores do mal para que não sejam esquecidos nem substituídos por uma história mentirosa. Você citou a *Gradiva*, de Freud. E é no espírito desse mesmo texto que afirmo que não há cura ou ressignificação do trauma sem a memória, mesmo que esta esteja submersa na escuridão do inconsciente.

O nosso exílio foi um mal perpetrado contra nós. Não podemos nos esquecer disso. Sem combinarmos nada um com o outro, tomamos em 2018 a mesma decisão que nos manteria vivos e mais unidos na luta.

E lembre-se de que, mesmo e porque experimentando meu lado pedra-sabão polida, sem que lhe deem qualquer importância, posso ser uma funda que derruba um gigante.

Fique bem. E beijos em Lulu.

Jean

p.s.: O dia hoje escureceu mais cedo. Às cinco da tarde já era noite. O frio se intensificou. Saí apenas duas vezes para passear com Sig. E a renovação da bolsa ainda não aconteceu. Mas Noêmia está vindo me ver e vai custear uma viagem nossa a Paris, para o aniversário do James Green. Vou te abraçar pessoalmente.

Conviver com as pedras

Amadíssimo,

Adorei a metáfora das pedras. Tenho certeza de que você está lançado contra os poderes mais nefastos, além de tudo, como um meteoro. E que bom que você rolará até Paris e teremos como comemorar o aniversário do nosso amigo James Green juntos.

Sejam rugosas, sejam roliças, as pedras são muito difíceis de desenhar. Andei desenhando umas pedras das praias da Bretanha que visitei com meus amigos Junia e Gerard (os mesmos que me emprestam o apartamento onde moro até fevereiro; depois, meu futuro a Deus pertence). Pretendo devolver essas pedras a essas praias depois de tê-las retratado. Brincando com a sua metáfora, eu diria que talvez eu seja como uma pedra de mar guardada em uma caixa de papelão. É assim que me vejo, longe do meu ambiente natural.

Conviver com as pedras é uma experiência poética. Retratá-las é uma tentativa de encontro com alguma forma de alteridade intangível.

Sempre vai ser uma tentativa de encontro, de comunicação, de interação, de possibilidade de olhar no olho do outro, de ver dentro. Acho que isso é o elemento mágico dessa coisa que chamamos genericamente de amor. Eu sempre lembro de eros, o velho conceito grego, o desejo de vida que começa com as coisas que nos encantam por sua beleza.

Nessa semana, vi Lula falando na Science Po. Foi aquela inspiração toda que você conhece. Ele falou sobre olhar no olho do outro. Pediu à plateia cheia de jovens que fossem solidários com quem, na vida, não teve a mesma chance que eles. Acho bonito que ele tenha dito isso para jovens brasileiros que vivem na França ou para jovens franceses que não conhecem realidades políticas duras senão por estudá-las de um ponto de vista teórico. Era toda uma fala de amor que tem o poder de potencializar o conhecimento. Lula é uma dessas pessoas que têm o poder de conclamar as massas na direção de Eros. Em Platão, sabemos que Eros é o impulso para o conhecimento que está além do que todos já sabem.

De todo o discurso de Lula, a palavra que ficou ecoando na minha cabeça foi "proscrição". De fato, a mando do projeto imperialista, os lavajatistas fizeram de tudo para proscrevê-lo. O mais conhecido dos agentes da trama que visava à proscrição, o ex-juiz, ex-ministro bolsonarista, é um sujeito encantado pelo poder sem limites, e, como um verme, tinha a função de devorar Lula e assim apagá-lo no processo eleitoral. Na verdade, os vermes da natureza são mais dignos. Infelizmente, o tipo em questão é apenas um exemplo entre muitos. E é o exemplo para muitos que talvez não saibam que o mundo não deveria ser um lugar para servir aos seus caprichos, delírios e ânsias de poder. Por tudo isso e muito mais é que a tua colocação sobre a reconciliação e a justiça se torna decisiva. De fato, a luta que precisamos levar adiante deve ser para mudar radicalmente o estado de coisas injusto em que vivemos.

A proscrição ecoa em mim. Tanto eu quanto você, nós dois fomos proscritos. A rede de ódio de nossa época atual tomou proporções inimagináveis em outros tempos, operando uma proscrição inescapável. A sensação de que fomos expulsos vem disso. A proscrição é uma espécie de expulsão. O filósofo italiano Giorgio Agamben descreve muito bem a história do *homo sacer*, a figura do direito romano que representa uma espécie de cidadão reduzido ao seu corpo vivo, banido e abandonado pela lei. *Homo sacer* é um termo que traduz o "homem sagrado", aquele que foi marcado em um ritual que o torna inacessível e o lança numa espécie de desamparo social e político sem chance de resgate. Condenado, ele era imolado num ritual de "banimento" e ficava proibido de retornar ao convívio das gentes. Seu crime era, em geral, um parricídio. De fato, o que Agamben quer mostrar é que essa figura que representa o estado de exceção em sua forma conceitual mais própria passou a ser comum em nossa época. Ele se refere a todos aqueles que são vítimas da lei, ou seja, que, estando submetidos a ela, contudo, não são por ela protegidos. Quantos prisioneiros inocentes nas penitenciárias estão submetidos à lei e por ela abandonados? Quantas mulheres são submetidas à violência de companheiros e ex-companheiros que se posicionam como soberanos donos de seus corpos, quantos habitantes são reduzidos a mendigos nas ruas, quantos corpos à mercê da própria sorte nos jogos de poder capitalistas que implicam múltiplas violências físicas e simbólicas? A presidenta Dilma deposta sem que tenha cometido crime algum é uma imagem perfeita do *homo sacer*. E também exilados como nós. A tese de Agamben se refere ao fato de que a lei sempre *a-bandona*, ou seja, é manobrada para banir e, ao mesmo tempo, deixar o banido sob seu jugo. Segundo ele, o que se bane é a "mera vida", a vida da qual são retirados o revestimento cultural, os laços linguísticos e o lugar simbólico que sustentam e inserem alguém na comunidade. Uma vida despida das instituições e, ao mesmo tempo, a elas submetida, é disso que se trata. Theodor Adorno falava que "o proscrito desperta o desejo de proscrever". Sabemos na pele o tipo de energia que os fascistas arregimentam no ato de caçar suas presas. O ódio dá prazer a essas pessoas, além de ser um bom negócio na atual fase do capitalismo.

A turba continua sendo atiçada. Entre ataques de todo tipo, que visam desestabilizar emocional e mentalmente as vítimas — ataques com os quais eu me acostumei —, apareceu agora o "rap de direita". Há um vídeo que eu descobri recentemente, muito bem preparado e profissional, em que minha imagem é utilizada, bem como a de Elis Regina e de Maria do Rosário. Engraçado que sejam utilizadas três gaúchas. E curioso é que foram os próprios "rappers" que me mandaram o vídeo com um pedido para que eu "reflita", sem nem se preocuparem com o uso da minha imagem que, obviamente, não foi autorizado. Eles continuam usando uma entrevista que dei em 2015, que já foi usada em 2018 de modo recortado e distorcido e que voltou a ser usada desse modo com o objetivo de gerar ódio e engajamento nas redes. O ódio gera esse engajamento direto devido ao seu potencial emocional compensatório. Perdi a conta das vezes que tive de explicar o que chamei de "lógica do assalto" me referindo ao jogo perverso do capitalismo. Numa próxima carta, talvez eu gaste a tua paciência falando sobre isso.

Eu sempre confiei na verdade. Te vejo me dizendo que sou ingênua, embora eu saiba que você também ama a verdade. Mas é a primeira vez que penso que meu erro foi nunca ter me preocupado com a justiça. Eu vou ter que mudar isso, mas para mim é muito sacrificado me envolver com coisas nas quais não acredito.

Amor e gratidão,
Marcia

P.S.: Acho que hoje é lua nova, parece que tem um grande eclipse. Saiu meu livro em inglês e esqueci de comemorar. Minha energia está baixa.

Afinal, exilar-se é também
se exilar da língua mátria,
aquela de que se é feito, tecido
desde a mais tenra infância,
a língua da mãe.

Jean Wyllys

Barcelona, 19 de novembro de 2021 (outono)

Querida Marcia,

Nesses últimos dias estou sentindo uma angústia. A notícia sobre as crianças desmaiando de fome nas escolas públicas do Brasil me reabriu uma ferida. Você sabe — creio que muita gente sabe, porque já falei disso inúmeras vezes em entrevistas e em meu livro mais recente, *O que será* — que eu passei muita fome na infância. Meu irmão, George, e eu fomos muitas vezes para a escola com fome, sem ter comido nada, na esperança de que houvesse merenda escolar. Nessa época — anos 1980 —, a merenda nas escolas públicas era uma eventualidade: uma vez no mês ou de quinze em quinze dias. Mães e pais de alunos e alunas — gente trabalhadora muito pobre — não sabiam os motivos disso e nem se perguntavam sobre a situação da escola. Hoje, posso inferir que não havia merenda todos os dias por causa da corrupção que correu solta durante a ditadura. Um sistema político que era também responsável pela despolitização das mães e pais que temiam a violência que viria caso ousassem perguntar: "Cadê a merenda de nossos filhos?" Meu irmão e eu quase desmaiamos algumas vezes.

Éramos duros na queda. E havia uma certa vergonha entre nós, alunas e alunos, em admitir que se passava fome; por isso, aguentávamos até o limite de nossas forças. George, Geni — meu amigo de infância e de toda a vida — e eu vimos muitos dos nossos colegas perderem essas forças e desmaiarem de fome.

Cresci marcado profundamente por essa experiência terrível. Ela obrigou que eu e meu irmão começássemos a trabalhar ainda crianças para ajudar em casa. Fiz enormes esforços e superei difíceis obstáculos para nos afastar, eu e minha família, daquela miséria. Porém, mesmo já longe dela na idade adulta, ela me assombrava. Quando veio a era Lula — o breve período de maior prosperidade e inclusão social que o Brasil conheceu em toda a sua história até aqui —, acreditei que o fantasma da fome e da miséria que vagava mais ou menos inconsciente em minha psique seria, enfim, exorcizado de uma vez por todas.

Contudo, a notícia sobre as crianças desmaiando de fome nas escolas hoje, associada ao fato de que estou duro, sem grana, com aluguel atrasado, me mostrou que o fantasma segue aqui, comigo, num canto escuro.

Em todas as consultas que fiz a oráculos, todos eles me garantiram que a vida de miséria havia ficado para trás, sem qualquer chance de retorno; que meus talentos e habilidades confirmavam isso; e que esse medo difuso que me acompanha é o eco de um trauma; que eu ficasse tranquilo...

Nunca duvidei dos oráculos. Estão sempre certos. E não posso negar que, apesar dos sofrimentos, tenho muita sorte na vida. Porém, a angústia que o eco do trauma gera em momentos como o que estou vivendo neste exílio abala minha confiança, além de me fazer sofrer.

Você acredita que não fui a Madri ver Lula por absoluta falta de grana? Isso me arrasou. Queria tanto estar com ele; dar-lhe um abraço de novo e dizer que estamos juntos nessa tarefa de tomar as rédeas do presente para construir um futuro melhor para todas e todos. Queria tanto... Mas a sabedoria consiste também em aceitar os limites. Minha vida até aqui foi tomada pela experiência de desafiar os limites impostos pela ordem vigente construída há séculos por homens ricos, brancos, heterossexuais e cisgênero — incluindo aí o desafio ao limite imposto pela fome durante as aulas no Colégio Estadual Maria José Bastos.

E não é mera coincidência que Lula, em seu périplo pela Europa, esteja falando tanto da fome. A fome não assola só o Brasil. Há insegurança alimentar em todo o planeta. É desconcertante saber desta contradição perversa do capitalismo: enquanto toneladas de alimentos são atiradas diariamente no lixo, milhões de pessoas, crianças em especial, não têm sequer uma refeição por dia. E é doloroso concordar com Lula — contrariando os equivocados esquerdomachos — quando ele diz que a fome não leva à revolução socialista (no limite, pode levar à barbárie), mas sobretudo leva à submissão ao capitalismo neoliberal.

"Mas que tempo mais vagabundo é esse que escolheram pra gente viver?", perguntava-se Cazuza em "Milagres".

Marcia, tenho uma louca impressão ou sensação de que regredimos aos anos 1980. Creio que não é por acaso que a moda esteja revisitando a estética daqueles anos. Citei Cazuza há pouco também não por acaso. Suas músicas, assim como as de Renato Russo, parecem feitas para os dias de hoje, anos 2020! E também não é por acaso que Lula esteja tão evidente e seja depositário de tantas esperanças hoje quanto em 1989.

Em sua espiral, a história girou para baixo, amiga. Ou, mais exatamente, o neoliberalismo fez a espiral da história girar para baixo.

Estamos outra vez ameaçados por bufões e idiotas no poder; por uma guerra fria e híbrida (agora entre China, Rússia e Estados Unidos); ameaçados por uma pandemia; e ameaçados de extinção em massa (agora não só pelas armas nucleares, mas pelas mudanças climáticas decorrentes do aquecimento global).

Em meio a tudo isso, e ainda mais estando exilado, como não ceder à angústia?

Bom, ao menos tenho as tintas e as cores para tentar aplacá-la.

Te amo,
Jean

Eu não ponho datas de propósito.

Meu amor,

Olhe, eu não tenho muito dinheiro, mas posso te mandar um pouco. Se você tivesse me falado, eu teria pagado essa tua passagem a Madri. Não é justo que você não tenha visto Lula! Vocês se gostam tanto. Eu até entendo que você não esteja querendo viver além das próprias posses, pois eu também não quero, mas olhe, meu pouco dinheiro é teu, minha casa (que não existe) é tua, pode contar, viu? Não passe necessidades, por favor. Me avise sobre tua vinda a Paris mesmo se Noêmia não vier, porque daremos um jeito. Faltam poucos dias para o aniversário de James Green. Estou aqui ansiosa por teu abraço.

A tua narrativa sobre a fome me impacta muito. Me pergunto como, no meio de tanta miséria, você não se tornou uma pessoa ressentida. Você tem isso em comum com Lula, vocês vêm da fome e têm uma real e verdadeira amorosidade para com a vida que sobrevive apesar dela. Talvez quem passou pela fome tenha um outro senso de comunidade, um outro senso de alteridade. Por que alguém como Lula e como você, dois sobreviventes da fome, não se tornou uma pessoa ressentida? Apesar da fome, havia uma gigantesca fonte de amor, não é isso?

Ontem, eu contava para amigos da Mídia Ninja que visitaram meu ateliê (onde eu espero te levar) que tive uma infância pobre, mas que não passamos fome, porque meus pais plantavam a maior parte do que comíamos. Meu pai cuidou da horta até poucos dias antes de morrer. Ele também criava galinhas. Aliás, minha mãe anda querendo continuar com os bichos, porque dão ovos orgânicos e parece que ela os vende para as vizinhas, mas não sabe por quanto tempo vai levar essa criação de bichos. Na verdade, ela não vai bem de saúde, perdeu a perna há uns dois anos, e outras pessoas precisam cuidar das galinhas por ela.

Vivendo em um ambiente periurbano, ou perirrural, era comum que houvesse porcos, galinhas e vacas como fonte de alimento. Todos esses bichos nos davam de comer. Eu parei cedo de comer carne, na verdade nunca gostei muito. Não gostava de ver a matança dos bichos. Até hoje o grito dos porcos sendo mortos é muito presente para mim. E o cheiro do sangue. Não havia outro jeito de viver naquele contexto, era isso ou a fome. Lembro que se comprava pouca coisa no mercado: farinha, café, arroz. O resto vinha da horta ou a gente fazia. A minha mãe fazia pão, fazia queijo, fazia macarrão. Tínhamos uma máquina de fazer espaguete que era operada pelas crianças. Até hoje sei fazer um pouco daquelas receitas italianas. Minha mãe aprendeu com a mãe do meu pai a fazer algumas comidas antigas, como agnolini, tortei, capeleti de frango e ravióli de moranga. Um dia eu faço para você, se você quiser. Lembro até hoje que comecei na cozinha com 9 anos, vendo a minha mãe em apuros inevitáveis quando se tem cinco filhos e uma casa nada fácil de cuidar — sem água encanada e sem luz elétrica. Além de tudo, havia o frio em torno de zero grau, pois os invernos na minha cidade com frequência chegavam a vários graus abaixo de zero. Pois é, eu gosto de cozinhar, embora desde que saí do Brasil, eu raramente cozinhe. Me falta o fogão com chama, como contei em outra carta.

De fato, a pobreza do Sul é diferente da pobreza do Norte, sobretudo por conta da seca. No Sul, não havia a seca tal como ela é vivida no Nordeste. Impossível não se comover com Lula contando como se conseguia água para beber no sertão. Ele falou sobre isso na palestra que fez aqui em Paris. Imagino o que é para um jovem burguês acostumado a torneiras com água fria e quente ouvir esse tipo de história. No Sul, a nossa pobreza era muito mais sentida por meio do frio, mas ainda assim havia um fogão a lenha onde se fazia polenta (porque não havia fogão a gás) ou pinhão ou uma boa sopa e se conseguia comer e se aquecer. Agora, voltando atrás na memória da casa simples dos meus pais, eu lembro que também não havia televisão, não havia comida de supermercado, não havia médico nem dentista, não havia escola por perto, nem carro, nem dinheiro para nada, mas havia o básico que comer, mesmo que fosse só o pinhão das araucárias. Olhando para isso tudo hoje, posso dizer que vivíamos em um mundo "orgânico", e que comíamos uma comida "bio". Mas éramos pobres, não tínhamos roupas, senão as que a minha mãe fazia. E os sapatos... ah, os sapatos. Teve uma época em que eu usava um sapato para ir ao colégio, um sapato de sola furada que eu havia forrado com papelão. Eu ia para o colégio de manhã com aquele sapato vermelho e a minha irmã ia com o mesmo sapato à tarde. Tínhamos só esse par de sapatos furados que dividíamos. Durante muito tempo, isso me trouxe muita tristeza. E muita vergonha, que eu não sabia como elaborar. Depois eu tive muitos sapatos e isso sempre me incomodou. Eu ficava desconfiada que havia algo errado. Desde que deixei o Brasil, me acostumei a ter poucos sapatos. Não que antes tivesse muitos. Este ano, me dei conta de que tenho quatro e já são demais. Um que comprei há uns cinco meses, já meio arrebentado porque deixei cair tinta; uma bota já bem velha que uso para pintar; um tênis velho, do ano passado, que eu costurei, pois estava rasgando nas laterais, mas é muito bom para caminhar; e uma bota guardada, caso eu precise ir mais arrumada a algum lugar.

Viver com bem poucas coisas me dá uma espécie de leveza espiritual e moral incrível. Não sei se a minha irmã tem trauma desse tipo de miséria. Talvez meu irmão tenha pegado um certo gosto por coisas caras e de marca que eu julgo cafonas e sei que você também. Talvez porque no meio dele esse tipo de significante seja fundamental. Refiro-me ao mundo dos novos-ricos, onde ostentar é uma regra tácita, superimportante como senha de acesso a um circuito de relações de poder em que a estética é decisiva. Há pactos estéticos entre as classes e eu gostaria de me ver livre disso pessoalmente. Mas na verdade, na minha família as aparências não têm muito valor e nenhum de nós tem atração por esse tipo de coisa. A minha mãe sempre achou tudo feio e cafona. Meu pai também. Do descaso com a estética é que veio o meu interesse por ela, afinal, passei a vida ensinando estética na universidade. Escrevendo sobre isso agora, me lembro de um dos mais lindos livros que li na vida. Ele se chama *O casaco de Marx*, de Peter Stallybrass. Marx sempre passou por dificuldades financeiras muito sérias, a ponto de ter que penhorar o seu casaco no verão para ter dinheiro, em uma época em que não era comum pegar um empréstimo no banco, ter cheque especial ou cartão de crédito. E, à revelia de uma vida de privações, ele escreveu aquela obra em si mesma revolucionária. Aliás, o comentário autoirônico de Marx sobre isso merece menção: nunca alguém falou tanto de dinheiro sem ter nenhum.

Não sei se isso é muito bom, mas eu cresci bem desapegada. Adulta, evidentemente, tive muita coisa, e ao mesmo tempo não quis ter muita coisa que podia ter tido (quando fazia TV, era incrível como ganhávamos coisas de que não precisávamos), e foi muito fácil deixar tudo para trás quando foi preciso. Em todas as vezes que foi preciso, eu deixei tudo para trás.

Estou contando isso voltando com você aos anos 1980. De fato, deve ser o eterno retorno do mesmo que está em ação; o eterno retorno dos afetos, dos modos de ser. Eu me sinto novamente com 17 anos, conquistando a minha emancipação para poder fazer um empréstimo e entrar na faculdade. Estou só e não sei o que a vida me reserva. Me dedico ao que me importa, que é escrever e desenhar. De fato, a vida está restrita ao essencial para viver. E devo continuar perguntando o que isso pode significar.

Teu desenho *Filhos da dor* é fortíssimo.

Je t'embrasse, como dizem os franceses.
Marcia

Barcelona, 22 de novembro de 2021 (outono)

Querida Marcia,

Muito obrigado por sua generosidade e solidariedade. Não se preocupe, minha amiga, eu tenho muito orgulho, mas também sei pedir ajuda (ainda que só faça isso quando se esgotaram todos os meios de resolver o problema sem incomodar os outros). Em minha vida até aqui, eu mais ajudo do que peço ajuda. Meu Sol em Peixes talvez explique esse excesso de empatia ou complexo de Atlas, acreditar que posso carregar as dores do mundo nas costas. Não posso. É uma lição que estou aprendendo com mais intensidade neste exílio: a bondade pode ser um vício, fruto de um narcisismo mais ou menos inconsciente. É preciso exercitar a solidariedade sem autoimolação, pois o martírio é o destino dos santos — e eu não sou nem quero ser santo (tampouco mártir nem herói).

Sabe o que é irônico nessa minha situação financeira? É que ela mostra o oposto do que as *fake news* da extrema direita dizem sobre mim nas redes sociais brasileiras. Os mentirosos me acusam de ter vendido meu mandato por "300 mil dólares" ao Glenn Greenwald e que este ainda me pagaria, todo mês, 100 mil dólares. Ou seja, de acordo com tal mentira, em vez dos reais problemas materiais que estou enfrentando, eu deveria estar tomando champanhe num hotel de luxo no Caribe.

O fato de existirem (muitas!) pessoas que acreditam nessa mentira e a compartilham nas redes sociais é a prova de que a estupidez humana é impermeável à verdade dos fatos, principalmente quando está associada à subjetividade de seita. Você, que entende mais de Theodor Adorno do que eu, sabe o quanto este filósofo se dedicou a pensar os efeitos políticos da estupidez humana e da adesão coletiva às mentiras. Sabe também que ele fez isso porque viu um regime autoritário se erguer a partir do ressentimento de um sociopata, e as atrocidades perpetradas contra os dissidentes do regime (mesmo contra os dissidentes imaginários). O trabalho de Adorno e de outros e outras intelectuais que resistiram ao nazismo e ao fascismo foi e segue sendo necessário à restituição da verdade. E jamais podemos nos esquecer de que boa parte — senão a totalidade dessa memória e reflexão — foi escrita em exílio.

Por isso refiro-me aqui à mentira sobre ter vendido o mandato. E acho que você deveria, sim, me explicar pedagogicamente, e em detalhes, como os criminosos da extrema direita no Brasil deturparam sua crítica ao capitalismo a partir da problematização sobre o "assalto". É nosso dever deixar os relatos verdadeiros para a posteridade; pois, ainda que as mentiras possam vir a soterrá-los, um arqueólogo ou historiador que decida escavar a ruína monumental no futuro há de encontrá-los. A verdade sempre aparece. E, no final, há sempre alguma justiça, mesmo que já não estejamos mais aqui.

Em conversa com o documentarista e jornalista francês Hélios Molina, residente em Barcelona e casado com uma produtora musical brasileira, Regina, eu lhe disse que, às vezes, tenho a impressão de que a luta pela democracia e pela paz é uma guerra perdida (para os democratas, claro; os de verdade). Parece pessimismo, mas, na verdade, é realismo. Os ricos que insuflaram o fascismo, o nazismo e as guerras mundiais — e, de resto, seus derivados no chamado Sul global, o Brasil aí incluído — são os mesmos ricos das "democracias" e da "paz" que os antecederam. Ou seja, somos peões entre os mesmos reis, rainhas, bispos e cavalos. No caso do Brasil, bastou a democracia (restaurada há não mais que vinte anos) ameaçar uns pouquíssimos privilégios dos mesmos ricos que financiaram mais de duas décadas de ditadura militar, bastou isto para que eles perpetrassem um novo golpe contra a democracia em 2016.

Contudo, para não terminar esta carta em clima de pessimismo (até porque não sou pessimista), afirmo que alguns de nós, peões, viemos com um inexplicável "defeito" de fábrica, que nos impede de ficar em pé no tabuleiro; que nos leva a cair, derrubando os outros peões e, assim, impedindo que o jogo siga tranquilo. Sou um desses peões. Se depender de mim, de meu inexplicável "defeito" de fábrica (minha capacidade de pensar, de criar arte e rechaçar a estupidez humana), nenhum rei, rainha, bispo e cavalo seguirão suas guerras.

Noêmia chegou ontem a Barcelona. Trouxe o sol com ela, além de um otimismo contagiante e de ajuda material. Sig está enamorado dela.

Bom, amada, fico por aqui.

Obrigado pelo elogio à pintura *Filhos da dor*. As crianças negras são os filhos da dor, mas podem se tornar pais do prazer caso suas vidas não sejam ceifadas pela política de extermínio — ou "necropolítica", como propõe Achille Mbembe em contraponto à "biopolítica" de Foucault — em curso no Brasil desde a abolição da escravatura. A minha pintura é uma denúncia, mas também uma potência.

Na próxima carta, eu te explico melhor meu processo de criação em artes visuais.

Te amo. E até breve!
Jean

TERCEIRA PARTE

O Brasil está onde estou

Sant Celoni, 25 de novembro de 2021 (outono)

Querida Marcia,

Infelizmente não estaremos juntos no aniversário de James Green em Paris. A caminho daí, em companhia de Noêmia, na altura de Perpignan, já em território francês, fui retirado do trem pela polícia de imigração francesa porque estava sem o meu novo NIE — Número de Identidade de Estrangeiro. O NIE é um documento emitido pelo governo da Espanha para estrangeiros. No meu caso, tenho a identidade de estudante. Não sei se cheguei a lhe dizer isso, mas eu nunca pedi asilo político (ao menos até agora). Primeiro porque é imensa a fila de pessoas em situação pior que a minha em busca de asilo político: refugiados das guerras e das catástrofes climáticas na África e no Oriente Médio (embora eu considere improdutivo e até mesmo injusto fazer hierarquia de sofrimentos). Segundo porque o asilo político me prenderia na Europa e, consequentemente, eu não poderia aceitar o convite da Universidade de Harvard para integrar o programa Scholars at Risk por um ano, lá nos Estados Unidos. E, terceiro, porque, aos pedaços por conta da difamação e da avalanche de ódio contra mim, tudo o que eu queria era o anonimato, além de não ser tomado como objeto das disputas políticas na Espanha. Por tudo isso, optei por tentar me estabelecer legalmente no exílio com a identidade estudantil.

Essa identidade — o NIE — tem um prazo de validade. De modo que devemos renová-la a cada ano, apresentando à Comisaría de Extranjería[1] as provas de que seguimos estudando e, sobretudo, de que podemos custear os estudos, bem como a vida no país, e de que pagamos um plano de saúde privado. Bom, eu sou bolsista da Open Society Foundations e doutorando na Universidade de Barcelona. Isso me permite cumprir todas as exigências legais do Estado espanhol. Contudo, com a pandemia de covid-19, a burocracia da Comisaría de Extranjería, que já era lenta, tem demorado muito para emitir as identidades renovadas.

Acreditei que, morando há mais de dois anos em Barcelona, *empadronado*,[2] com apartamento alugado em meu nome, conta bancária, matriculado na Universidade de Barcelona, com passaporte de vacinação europeu, com o documento que comprova que meu NIE está em processo de renovação e com meu passaporte brasileiro, com tudo isso em cima, eu poderia viajar tranquilamente a Paris em

---

[1] A Comisaría General de Extranjería y Fronteras é um órgão governamental ligado à polícia nacional e é responsável pela entrada e saída de estrangeiros na Espanha. Também é encarregada do controle da situação de refugiados e asilados. [N. da E.]

[2] Na Espanha, o *empadronamiento* é um tipo de registro que comprova e certifica residência no país. É feito junto à prefeitura de cada cidade. Para os brasileiros, estar *empadronado* é requisito para a obtenção do NIE. [N. da E.]

companhia de Noêmia para comemorar o aniversário de Jimmy e te ver pessoalmente...

Estava enganado. A polícia francesa me tirou do trem, dirigindo-se a mim em francês. Noêmia, nervosa, não sabia como reagir, coitada. Queria descer comigo, mas eu lhe disse: "Fique, por favor. Explique a Jimmy e a Marcia minha ausência." E desci.

Marcia, o que se passou depois é muito difícil de descrever. Mas vou fazer esse esforço, sem usar adjetivos, para que você tire suas conclusões: fomos tirados do trem cinco imigrantes — dois irmãos paquistaneses, uma moça venezuelana, um marroquino e eu. Os policiais franceses se dirigiam a nós apenas em francês. O rapaz marroquino — por sua aparência e pelas compras que portava, uma pessoa rica ou de classe média alta que vivia na Holanda — foi algemado. Sua indignação com a interrupção da viagem pela polícia foi furiosa. Levaram-nos para uma sala. Até aí, nenhum dos policiais se dirigiu a nós em outra língua que não o francês. O rapaz marroquino, alterado, alternava impropérios nas línguas que ele falava (acho que) mal: francês, italiano, inglês e espanhol. Um dos policiais então se dirigiu a mim e me perguntou — sempre em francês — o que eu iria fazer na França. Expliquei-lhe pacientemente, em espanhol, o que iria fazer e qual era meu status migratório. Concluí com esta frase: "Como o senhor pode ver, estou legal." E ele então me disse: "Explique isso aos policiais espanhóis na fronteira. Para a França, você não pode viajar." Nessa hora, perdi um pouco a paciência e lhe disse que ele estava agindo de má-fé, que não havia razão para ter me tirado do trem etc. Um outro policial que já estava na sala — para mim, gay, por uma série de signos que não vem ao caso detalhar agora — me disse, em castelhano e com muita gentileza na voz: "Não responda. Não se desgaste. Logo, logo você estará livre. Fique calmo." Calei-me. Levaram os irmãos paquistaneses da sala. Em seguida, o policial mais truculento e arrogante pediu ao rapaz marroquino que ficasse de pé para uma fotografia. Ele reagiu peremptoriamente. Recusou-se de todas as formas a tirar a foto. Dizia: "Você tem minha foto no passaporte. Não me trate como criminoso. Não vou tirar foto!" O policial tentou coagi-lo à força, mas ele resistiu com uma coragem surpreendente.

A moça da Venezuela começou a falar no celular, apavorada. O policial exigiu que ela desligasse o telefone e que eu pusesse meu celular no bolso. Com a recusa do marroquino, ele me chamou para tirar a foto. Perguntei-lhe: "Para que essa foto? Eu não sou um criminoso." Ele me disse: "São procedimentos administrativos." Extraiu também minhas digitais.

O marroquino seguia indignado, soltando impropérios. A venezuelana — uma mulher de mais ou menos 50 anos, cabelos escuros divididos em duas tranças — perguntou-me, tremendo, sobre os motivos da foto. Ela não entendia nada de francês. Expliquei-lhe. Sua foto foi tomada. Entregaram-nos uma espécie de boletim de ocorrência (todo em francês) e nos conduziram para uma van, que nos levou até o povoado catalão de La Jonquera, a uns seis quilômetros de onde fomos detidos.

No caminho, o marroquino seguia indignado e expressava sua raiva e ironia alternando línguas. Apenas uma expressão se repetia numa mesma língua a cada impropério dito em diferentes idiomas e com muita raiva: "Insh'Allah!", "Se Deus quiser!" Ele desejou várias vezes que os policiais morressem com seus filhos num acidente de carro ou vitimados por alguma enfermidade.

Eu estava tomado por uma súbita calma. Ao fim de um tempo, a moça venezuelana me disse: "Hoje é meu aniversário. Eu ia comemorar em Paris com umas amigas. Você acha que isso vai prejudicar o andamento dos nossos papéis ou vai ficar por aqui?" Eu respondi que era melhor pensarmos que não nos prejudicaria, mas que, diante dos acontecimentos, deveríamos esperar sempre o pior.

Quando chegamos a La Jonquera, a polícia espanhola me perguntou sobre a minha situação. Expliquei. O policial me disse: "Não deveria ter acontecido nada. Você tem a documentação e o passaporte." "Mas aconteceu", respondi. "Sinto muito", me disse o policial, entregando-me meus documentos e me dispensando. Assim, sem mais.

Antes de sair, dei um abraço na venezuelana e lhe desejei feliz aniversário. Não nos perguntamos nossos nomes em nenhum momento. Ela e o marroquino seguiram ali.

Para mim, ficou evidente que o policial francês me obrigou a descer do ônibus por uma má vontade de tinta racista e xenófoba. A minha passagem estava junto da de Noêmia, que estava ao meu lado. Em momento nenhum ele cogitou a hipótese de chamá-la também. Ela tem passaporte brasileiro. Mas é branca. Não tem características de latina nem de árabe, como eu tenho. Por isso, ele sequer a incomodou. Não foi a primeira nem será a última vez que serei vítima de racismo pela polícia migratória de países da Europa Ocidental.

Saí atordoado pelo pequeno *pueblo*, uma cidade que parecia fantasma. O frio entrava pelos ossos. Cruzei com uma senhora e lhe perguntei como fazia para voltar para Barcelona: "No final desta rua, pegue o ônibus até Figueres, e de lá pegue o trem."

Marcia, há mistérios nesta vida que eu nunca vou conseguir desvendar... Você acredita que, a caminho do ponto de ônibus, tremendo de frio, eu me deparei com um Museu Memorial do Exílio, o MUME? Inacreditável, né?

Sem pensar se o dinheiro que tinha em mão seria o suficiente para comprar a passagem de volta a Barcelona, entrei no museu. Paguei € 4,30. Só havia eu.

Trata-se de um centro que rememora, em fotografias e objetos, principalmente, os exílios provocados pela Guerra Civil Espanhola, sobretudo o exílio dos vencidos naquela contenda indissociavelmente ligada à ascensão dos totalitarismos na Europa, e que serviu de prelúdio para a Segunda Guerra Mundial.

As imagens me comoveram e eu comecei a chorar. Havia os desenhos e pinturas de Josep Narro i Celorrio, que, entre 1939 e 1941, quando esteve em exílio, pintou a solidão, a precariedade e as doenças dos refugiados no campo de concentração de Argelès. O traço de seu desenho em muito lembra meu próprio traço. Eu estava (e ainda estou, enquanto te escrevo) numa espécie de transe... Tudo parece tão surreal!

Muitos dos homens e mulheres exilados em 1939 — e homenageados e imortalizados naquele museu — continuaram lutando pela liberdade desde as fileiras da resistência francesa e de outras frentes de batalha na Europa ocupada pelo fascismo. Porém, alguns milhares foram enviados aos campos de concentração nazistas em uma viagem que, para a maioria, foi só de ida.

O pintor Celorrio sobreviveu a esses tempos sombrios, mas morreu no exílio no México em 1996. Pelo que pude inferir, nunca mais se reencontrou com sua pátria, mesmo quando já era possível retornar. Isso me encheu de angústia. Conseguirei me reencontrar com o Brasil ou ficarei errando pelo mundo até o fim dos meus dias?

O museu foi construído ali justamente porque a cidade — La Jonquera — era a porta de saída dos exilados e refugiados da Guerra Civil e do fascismo. Ali, muitas vidas se perderam e se salvaram no passado recente. Os policiais franceses racistas me obrigaram a descer, mas acho que foram os instrumentos que os mortos utilizaram para me enviar uma mensagem, um alerta. Parece misticismo em excesso? Talvez. Mas em minha vida sempre houve mistérios. E os mistérios me fascinam.

Enquanto eu esperava o ônibus, no frio dessa cidade fantasma, vi passarem vários rapazes com cara de árabes e latino-americanos, com mochilas nas costas. Um senhor me abordou no ponto de ônibus e me perguntou se eu gostaria de ir para Paris, que me levaria se eu pagasse. Concluí rapidamente que ali também se organizou um tráfico de humanos entre os dois países. A política migratória racista e xenófoba, principalmente da França, engendra um tráfico ilegal que torna os imigrantes e refugiados ainda mais vulneráveis. Caso eu fosse um imigrante ilegal que desejava ir a Paris, quem me garante que aquele homem me levaria mesmo até lá?

Até a hora em que entrei no ônibus rumo a Figueres, não vi nem a venezuelana nem o marroquino. Eles seguramente não haviam pegado o ônibus antes, porque não havia ônibus disponível antes do horário em que peguei o meu. Insh'Allah tenham tido boa sorte! Oxalá! Tomara!

Encerro agora esta longa carta. São 17h50 e estou no trem, quase chegando a Barcelona (em Sant Celoni).

Deixo-lhe esta frase de Shakespeare escrita em catalão na parede do MUME: "A liberdade vive longe daqui. E é isso o exílio."

Te amo!
Jean

Sibele

Querido Jean,

Depois de reler por três vezes a tua carta, tenho condições de escrever alguma coisa sobre essa violência que você acaba de sofrer. Ontem, eu estava na projeção de um filme chamado *Le silence de Sibel*, a história de uma menina iazidi que sobreviveu ao genocídio de Sinjar ocorrido em 2014, tendo sido, como muitas meninas e mulheres, reduzida a escrava sexual. Além de ter perdido toda a família, ela era torturada. É uma história de horror, e o desfecho faz jus ao que Walter Benjamin — que se suicidou na fronteira da França com a Espanha, em Port Bou, como sabemos — definiu como sendo a ausência de justiça para os mortos.

    Você viveu a experiência da fronteira, meu querido amigo. Que esteja com a sensação de um transe, é inevitável. E a fronteira, como fala a filósofa Gloria Anzaldúa, é sempre uma experiência da linguagem e da língua e isso pode ser bem alucinante. Você fez uma travessia no deserto da condição humana, na frieza da burocracia, no paraíso do mal banal sempre pronto a descartar a vida, nas portas do mal radical que é o comércio dos corpos. E, ainda assim, você se levanta, entra no museu e me escreve essa linda carta. Tudo parece uma alucinação, mas é a vida que não deixa de ser uma grande viagem alucinada.

Jean, deixa eu te dizer: você está vivo. A tua vida combinada à tua luta por justiça é uma mensagem de esperança. Diante de tantos genocídios e massacres, de chacinas e assassinatos de minorias étnicas, religiosas e políticas, como falar de esperança? Eu te vejo me perguntando. E eu te respondo que é necessário falar de esperança, menos por consolo do que por saber que a esperança é uma energia de luta.

Então, vamos falar de esperança. Não me refiro só a uma esperança particular, pois, apesar de todas essas violências e constrangimentos, pessoalmente, sei que você vai vencer todos os obstáculos. O teu caminho é heroico, meu amigo querido. Vou explicar por que pensei nisso ao ouvir o teu relato que me choca tanto.

Estou há dias envolvida com a "polícia francesa" através de um livro, cujo título em português seria *Um estrangeiro chamado Picasso*, da historiadora Annie Cohen-Solal. O que ela faz nesse livro é mostrar uma pesquisa inusitada: movida pela pergunta acerca da negação de Picasso a ter cidadania francesa, ela encontrou seu dossiê policial, datado de sua entrada na França em 1900, e descobriu que, durante toda a sua vida nesse país, Picasso foi observado e fichado pela polícia. Mesmo quando já era "Picasso", Pablo Ruiz Picasso continuava sendo observado pelo sistema de vigilância que contou com aqueles profissionais que, em todas as instituições do mundo, gozam com o pequeno poder, gozam com a perseguição. Você conheceu o sistema de vigilância na pele.

E ele é racista, xenófobo, machista, fascista como não se cansa de denunciar.

É com essa mentalidade de "funcionário" assumida pelo estereótipo do policial que o fascismo conta, como tudo o que faz parte do sistema capitalista, esse sistema de poder panóptico, como já dizia Foucault que também não cansamos de citar.

Mas, além disso, você é uma pessoa livre, Jean. E isso que o teu olhar e o teu corpo transmitem deve irritar muito, tanto quanto os teus traços fisiognomônicos insuportáveis para racistas heteronormativos recalcados. Veja o que se passou com Picasso. A polícia continuava a persegui-lo, registrando informações tais como: Picasso ganha milhões no estrangeiro, Picasso é dono de um castelo, Picasso nunca prestou nenhum serviço à França. A polícia sabia localizá-lo até mesmo em um café onde ele pudesse se sentar, e podia saber o assunto sobre o qual conversava, e com quem conversava. Imagine que, apesar desse sistema sustentado por pessoas muito medíocres e cheias de ódio (parece que essas coisas costumam andar juntas), Picasso seguiu sua vida, tornando-se "Picasso". Teu destino é o mesmo, meu querido, você continuará se tornando Jean Wyllys à revelia das polícias e gabinetes do ódio do mundo com suas estigmatizações e métodos de destruição digital, política e moral. Ser Jean Wyllys é o teu destino, meu amigo querido.

Espero poder continuar me tornando eu mesma, certamente, embora, como você sabe, eu darei cada vez mais espaço a alguns pseudônimos que venho cultivando há tempos. Serei cada vez mais outros. Ando com um projeto mais sério em relação a isso, mas depois te conto. É verdade que cansei de mim, mas preciso que a vida seja muitas vidas para dar conta dos meus anseios criativos.

Não estou rindo antes da hora ao falar do teu destino diante dos imbecis que te perseguem. Na verdade, essa gente é de dar medo. Aliás, nunca consigo rir nesse sentido de achar que venci porque não funciono no registro de poder que faz a gente achar que alguma coisa valeu a pena, que uma vitória produz satisfação porque, na verdade, vitória não é uma palavra que eu tenha no meu vocabulário. Sei que isso não me favorece, pois o poder é parte deste mundo. Contudo, levo muito a sério o senso narrativo da vida, tendo em vista que ora atuamos em sentido trágico, ora em sentido cômico, e que viver é evidentemente uma trama cujo acontecimento nos ultrapassa. Quero dizer: editar este texto não depende só de nós. Se a vida é uma gangorra entre rir e chorar, seria melhor rir por último. Infelizmente, não há graça nenhuma no que se passou com Picasso, estigmatizado como "espanhol" pela polícia, do mesmo modo que não há graça no que se passa com você. Divertido, contudo, é lembrar de Gertrude Stein e de sua *Autobiografia de Alice B. Toklas*, na qual ela diz ter conhecido apenas três gênios no mundo; um deles era Picasso, o outro eu não lembro mais, e o terceiro era ela mesma. As minhas amigas feministas pretas apontam sempre para a insuperável "autoestima do homem branco" que Gertrude Stein parodiava nessa frase. Ela era branca e rica, mas também judia e lésbica, habitando assim os dois continentes, o do privilégio e o da perseguição, que de algum modo a gente também habita, apesar de nossas origens pobres. Eu prefiro falar de pobreza mesmo, porque a expressão "origem humilde" é eufemista por um lado e, por outro, uma expressão que repete a humilhação à qual são submetidas as pessoas empobrecidas pelo sistema de poder; pela exploração que, desde a modernidade, vem sendo chamada de capitalismo. Conhecemos isso na própria pele. Bom, estou falando isso tudo, pensando que podemos brincar de Gertrude Stein e Picasso, porque eu também te acho um gênio, meu amigo. Se isso fosse uma peça de teatro, eu colocaria risos entre parêntesis. Hora de rir. Assim, brincando, eu me permito rir. Rir apenas literariamente, pois, na verdade, não há como rir na vida real. Rir nesse mundo humano delirante só faz sentido na ficção.

No domingo, dia 5, por um acaso como o que te levou para dentro do Museu Memorial do Exílio, eu vou participar de um colóquio que faz parte da exposição *Um estrangeiro chamado Picasso*. Vou citar o teu caso e fazer uma reflexão sobre a minha condição estrangeira. A questão dos "sem-papéis" tem sido muito discutida na Europa. Os manifestantes estão em ação. Eu não sou uma pessoa sem-papéis, mas justamente o fato de ter "papéis" europeus me impediu de receber a bolsa do Scholars at Risk nos Estados Unidos. A minha cidadania é uma condição totalmente burocrática, pois não tenho nenhuma família ou rede de apoio na Itália, país de origem dos meus antepassados imigrantes que, pela infelicidade básica produzida pelo capitalismo que é a bruta falta de dinheiro, ficaram impedidos de voltar à sua pátria e viveram, sim, sobretudo meu bisavô, uma espécie de "exílio". O exílio está no meu DNA subjetivo. Não ter lugar é meu jeito de ser. A saudade que sinto do Brasil me ensina a desejar o desexílio, mas não sei se serei capaz. Se haverá lugar para mim.

Não sei se te contei sobre a minha novela familiar. Meu bisavô, o primeiro Tiburi da história, era filho adotivo de uma família que lhe deu esse nome porque "Tiburi" era a palavra escrita em um papel encontrado dentro do cesto no qual ele foi posto quando foi abandonado. Esse meu ancestral, de quem me sinto tão próxima apesar da distância no tempo, foi deixado em uma roda de expostos em um convento de Verona. Escrevi um livro com essa história. Escrever é um jeito de exorcizar a angústia; de imaginar o sofrimento desse jovem adotivo que está na origem do nome que carrego. Nas cartas escritas pelo meu bisavô, era comovente o seu desejo de conhecer a mãe. As cartas de uma mulher que se dizia sua mãe e freira, e que contava que ele era filho do rei Vítor Emanuel II, convenceram muita gente da minha família de que éramos nobres. Sobre a bastardia imperou o silêncio, como se faz com tudo o que dói. Fácil dizer "sou rei", difícil dizer "sou abandonado". Como poucas pessoas da minha família leem o que escrevo, ninguém sentiu o que escrevi como um roubo da história coletiva. O tema da bastardia, do exílio e do desterro são parte essencial dos meus romances porque a literatura é evidentemente o único lugar onde podemos fazer algo com o absurdo e o sofrimento, quando temos a chance, talvez o privilégio, de fazer alguma coisa.

(Falar sobre arte e literatura se torna um escândalo quando pessoas passam fome ao seu redor, quando há tanta morte provocada por um sistema de violência como é o capitalismo.)

Mas antes de mais nada, tenho vontade de dizer: nós iremos ao Brasil. Acho que você voltará, sim. Eu, contudo, creio que apenas irei. Irei muitas vezes, mas apenas "irei", porque voltar é um verbo estranho para mim. Estarei lá quando e se for possível, mas não terei voltado. E esse é o paradoxo que devo enfrentar. Foi uma coisa que descobri no caminho que fiz até aqui, nesses anos fora me sentindo como um daqueles personagens de Kafka que se perdem em noites sem fim. Assim como meus antepassados que não puderam voltar para a Itália, eu estou aqui sem nunca ter chegado aqui. De algum modo, sinto como se eu permanecesse no Brasil, enquanto não estou lá. Essa é a condição de exceção do exílio. E essa é também uma falta de liberdade essencial, como na frase que você trouxe do museu.

Das diversas mensagens contidas nisso tudo, creio que a mais óbvia é que precisamos continuar na luta para melhorar as condições de vida das pessoas neste mundo. E isso significa que as pessoas precisam ter o direito de pertencer e de ir e vir livremente. Esse direito básico precisa ser assegurado diante da globalização do mundo. O que aconteceu com você é mais uma sincronicidade que faz pensar na urgência da luta por uma cidadania cosmopolita. A luta não pode ser relativa somente ao Brasil, mas ao que ainda chamamos de "mundo". O mundo sempre foi uma ideia em disputa, seja na religião, seja nos estados. Pensar nisso pode produzir uma sensação de impotência que se tem diante dos temas difíceis. Mas lembro de você ter dito algumas vezes que "somos pontes". O mundo está cheio de pessoas que são ponte e de outras que vivem de derrubar as pontes, ou seja, de energias amorosas, eróticas energias de construção de elos — e de outras que são odiosas e destrutivas de elos que nunca são fáceis de construir. A energia da conexão é transformadora.

De minha parte, tenho tentado me conectar com a energia de Exu. Penso nessa energia das encruzilhadas e peço ajuda mental e espiritual, ética, estética e política, para que eu possa ser uma ponte mais sólida sobre o abismo. Me percebo conhecendo abismos. Eu me vejo andando sobre um, solta no espaço e com uma curiosidade acerca do chão possível. Eu não sei se tenho esperança, sei que tenho desejo. Chegar um pouco mais perto do candomblé tem me ajudado muito.

Precisamos estar prontos para forjar conexões com os outros seres, outros povos, sejam habitantes do território brasileiro e latino-americano que vem sendo chamado por povos andinos de Abya Yala, seja a África, a Europa ou não importa onde. Precisamos voltar a refletir sobre a ideia de comunidade humana.

Se fosse um filme, não haveria roteiro mais perfeito para o que aconteceu com você. É engraçado que esse acontecimento marcado pela injustiça esteja ligado, no fim das contas, ao dever da memória, essa faculdade que você tem de sobra e sobre a qual falamos algumas cartas atrás.

É uma pena que você não venha para a comemoração do Jimmy. Tua ausência será sentida.

Te abraço, meu amado amigo, com a luz rara desses dias de outono com o Sol já em Sagitário, uma imagem do desejo de ir além de nós mesmos.

Marcia

Conseguirei me reencontrar
com o Brasil ou ficarei
errando pelo mundo até
o fim dos meus dias?

Jean Wyllys

Barcelona, 27 de novembro de 2021 (outono)

Querida Marcia,

Ainda estou elaborando toda a experiência que vivi há dois dias e te contei na carta anterior (você notou que eu evito sempre escrever "última carta"? A palavra "última" carrega uma força que me assusta). Às vezes, me recordo de tudo como se fosse um filme estrelado por outra pessoa. Você está certa: se e quando um roteirista escrever esse episódio no futuro, seguramente vão acusá-lo de "exagerado" ou "fantasioso". Como lhe disse, tudo me parecia e ainda me parece surreal: eu era ao mesmo tempo ator e plateia.

Quando fui rispidamente tirado do trem pelo policial francês que se dirigia a mim em sua língua e se recusava a ouvir minhas explicações, eu me lembrei de… — juro! E me espantou que em sua carta você tenha feito menção a ele — Walter Benjamin. Pensei em seu destino trágico. Talvez por todos os filmes a que já assisti e que configuraram meu imaginário, pensei também em todos os judeus, homossexuais, ciganos e comunistas que, no meio da fuga de trem do horror do Terceiro Reich, foram interceptados e levados a campos de concentração ou executados.

Pensei neles ainda que não estivesse fugindo, mas tão somente me dirigindo a outro país para comemorar o aniversário de um amigo. É que a brutalidade do policial de arma na cintura após folhear meu passaporte e ver minha identidade, além do fato de ele se dirigir a mim em outra língua, reacendeu o medo que me esmagou durante todo o ano de 2018 após o assassinato de Marielle Franco. Então, esse medo me fez pensar nas vítimas dos regimes totalitários e seus soldados.

A recusa dos policiais franceses a ouvir, pensar, refletir e decidir com justiça cada caso; sua obsessão em "cumprir ordens" (mas um cumprimento totalmente orientado por preconceitos e estereótipos de "inimigo" que constituem seu imaginário), além de seu vocabulário estreito e cheio de clichês autoritários, me colocaram frente a frente, uma vez mais, com o que Hannah Arendt define como banalidade do mal: a recusa deliberada de soldados e burocratas em pensar nas consequências nocivas das ordens que cumprem. Como você bem observou em sua carta, o fascismo depende desses idiotas, amiúde ressentidos e corruptos (nada me tira da cabeça que o tráfico humano naquela fronteira tem a cumplicidade de agentes das polícias; do contrário, não existiria). É impressionante como a ordem capitalista dota de armas os idiotas e os ressentidos, com as raras exceções de sempre, levando-os a perpetrar brutalidades em nome da propriedade privada, mas também da preservação de territórios imaginados como a pátria ou a nação, a raça, a masculinidade, a heterossexualidade, a religião...

Ainda me choca a naturalidade com que a maioria das pessoas no Brasil aceita os massacres perpetrados pelas polícias em bairros pobres e favelas sob os "argumentos" fascistas de "cumprimento de ordens" e "guerra às drogas". Ainda me choca o terror perpetrado pelas Forças Armadas americanas no Iraque e no Afeganistão em nome da "guerra ao terror". Os que fazem de fato essas guerras — as Forças Armadas e polícias, fora e/ou dentro de "seus territórios" — raríssimas vezes param para pensar sobre as ordens que cumprem, a que servem e de onde vêm. Se parassem para pensar, seguramente haveria menos atrocidades, inocentes mortos e injustiça neste mundo. É exatamente porque a maioria dos corpos armados não pensa — e, por isso, age a partir de preconceitos, superstições, fanatismos, ressentimentos e falsas certezas — que o fascismo é eterno, como ressaltou Umberto Eco: é o mal sempre pronto a retornar e tentar reinar.

Por isso, tenho muita preocupação com o fato de a grande imprensa no Brasil ter escolhido Sergio Moro como seu candidato nas próximas eleições. Quando ministro da Justiça de Bolsonaro, o ex-juiz defendeu que "medo, surpresa ou violenta emoção" constassem legalmente entre os "excludentes de ilicitude" das polícias militares, ou seja, Moro queria ampliar a licença da polícia para matar não apenas os pobres mestiços e pretos, mas também a dissidência política e ativistas de movimentos sociais como os dos sem-terra e sem-teto. Pois está claro, levando-se em conta a história das polícias brasileiras, que estas matariam (e já matam!), sim, os divergentes e desviantes da ordem da direita cristã classista, racista e homofóbica. Moro me apavora tanto quanto Bolsonaro. Ele está para Bolsonaro assim como Himmler estava para Hitler.

As guerras — quaisquer guerras — fabricam inimigos e multiplicam fronteiras. Essa foi outra questão que me veio à cabeça enquanto estava em La Jonquera, à espera do ônibus que me levaria a Figueres. O escritor austríaco Stefan Zweig observou que, antes da Primeira Guerra Mundial, as pessoas transitavam entre os países sem tanto controle ou vigilância e havia muito menos postos de fronteira. Ao fim da Segunda Guerra, o controle e a vigilância — e as fronteiras em si mesmas — se expandiram, como o próprio capitalismo industrial. Às vezes, penso no que diria Michel Foucault (de quem você se lembrou em sua carta) deste mundo contemporâneo de vigilância até mesmo sobre o que a gente não diz...

Zweig tem um ensaio muito sugestivo para os dias de hoje, principalmente para aqueles vividos em exílio, ainda que tenha sido escrito em 1914, três semanas depois do início da Primeira Grande Guerra: "O mundo insone". O texto integra e dá título a uma coletânea organizada para a Zahar pelo falecido Alberto Dines. O exemplar que tenho comigo foi um presente de Pedro Bial, quando ele esteve comigo em Barcelona para uma entrevista meses depois que deixei o país.

Vou abrir aqui um parêntese rápido: eu gosto muito do Pedro Bial como pessoa e até admiro sua carreira na televisão. Sei também que ele gosta de mim. Mas não posso deixar de ver com ressalvas sua simpatia em relação a tipos como Sergio Moro, que além de fascista — e talvez porque fascista — é medíocre intelectualmente. Fecho o parêntese.

Zweig diz em seu ensaio que nosso mundo, cada vez mais agitado e confuso, está afastando de nós nosso dom do descanso, os dias estão ficando mais longos e as noites, intermináveis. Há descrição melhor para os dias de hoje, assombrados pela pandemia de covid-19, pela guerra híbrida (quente, fria, biológica e informacional) e pelas catástrofes climáticas? E sabemos pela história das guerras anteriores quais serão os perdedores e os mortos dessa terceira guerra mundial (agora mundial mesmo!).

Zweig morreu no exílio: no Brasil, mais precisamente em Petrópolis, no Rio de Janeiro. Partiu da Áustria com a ascensão do nazismo. Teria se suicidado junto com a mulher, três anos antes do fim da Segunda Guerra. Há quem questione esse suicídio da mesma forma que há quem questione o de Walter Benjamin: sua hipótese é a de que foram obrigados a isso, e, portanto, assassinados. Quem levanta essa hipótese acredita na capilaridade e na articulação internacional dos fascistas.

Você sabia que foi Zweig que batizou a cidade de Salvador, na Bahia, de "Roma Negra", quando a conheceu? Caetano Veloso cita essa expressão em "Reconvexo", uma de suas músicas que mais amo: "Eu sou a sombra da voz da matriarca da Roma Negra. Você não me pega. Você nem chega a me ver."

E veja que ironia da história, Marcia: Zweig se exilou no país em que uma ditadura militar condenaria, três décadas depois de sua morte, centenas de pessoas ao exílio; e de onde, quase um século depois, forças políticas fascistas atuando desde dentro da "democracia" me expulsariam.

    Sentado no ponto de ônibus e sob o frio congelante em La Jonquera, ocorreu-me pensar sobre a mais ancestral das perguntas políticas, justamente aquela que a impressionante história dos Tiburi narrada por você em sua carta coloca: pátria ou exílio, o que é pior?

Te amo!
Jean

P.S.: Obrigado pela grana que você me emprestou. Ela vai me salvar nesses dias até a bolsa entrar. Muito obrigado! Não se preocupe que a bolsa vai entrar. O querido Pedro Abramovay, a quem sou eternamente grato, garantiu-me que será renovada. Só tenho que esperar os trâmites burocráticos.

P.S. 2: Como em minha vida não há mal que não seja sucedido por um bem, ontem Aloizio Mercadante me ligou para me dizer que conseguirá um trabalho para mim, uma forma de eu me manter por aqui até as eleições de 2022, quando, espero, Lula será eleito e nós poderemos, então, voltar ao Brasil.

No metrô

Querido Jean,

Recebi tua carta na hora do jantar oferecido por James Green em um restaurante maravilhoso no qual você fez muita falta. Não resisti e abri a mensagem ali mesmo. Fiquei com o primeiro parágrafo dentro da boca durante o jantar, no qual não comi quase nada. Tentei ajudar uma ex-aluna do nosso amigo que veio da Inglaterra e estava hospedada fora de Paris a pegar um trem que a levasse até a cidade onde ela estava hospedada perto daqui. A menina tem 25 anos e faz doutorado em neurociências. Olhei para ela com um estranho orgulho de mãe. Voltando para casa preocupada se a garota chegara bem, pois ela estava sem celular para me avisar, sob um frio de uns 3 graus, consegui ler a tua carta até o fim.

    As cartas que você têm me enviado me impactam muito. Eu demoro para elaborar o que leio. Tenho brancos, verdadeiras lacunas, na hora de responder para você. É como se estivesse sempre abismada diante do que você me escreve. Li alguns livros sobre os exilados históricos e confesso que esses textos causam sentimentos diversos em mim, numa miríade que vai da revolta à raiva, passando até por aceitação e certa resignação que me parece incontornável. Há, sim, o medo de acabar como outros exilados. Eu tenho o hábito de pensar sempre na superação, mas há obstáculos insuperáveis no que estamos vivendo. O pico do horror é a solidão. A solidão que não significa simplesmente estar só. A solidão que vem do abandono e que dá aquela dor no peito e faz pensar: "Será que vou morrer hoje?" Tenho essa sensação desde que saí do Brasil. Nos Estados Unidos, eu tomava banho à noite, vestia um pijama confortável e apresentável, fechava as diversas portas — inclusive colocando cadeiras sob as trancas, pois tinha muito medo do lugar onde estava — que levavam ao meu quarto, onde a internet não funcionava, e deitava para dormir com medo de morrer e ser achada dias depois. Na minha fantasia, que podia se tornar realidade, eu queria estar vestida e tranquila se alguém um dia me encontrasse morta. Dormir não era fácil, mas era preciso, e eu sempre fui bem disciplinada para essas coisas de rotina. Acho até que não me deprimi porque eu me jogo na rotina de um modo que fico ocupada demais, inclusive para cumprir as determinações da rotina. Assim eu vou de domingo a domingo, amando a chegada das segundas-feiras que me obrigam a funcionar como se deve em uma segunda. Talvez seja por isso que eu, assim como você, nunca escreva a palavra "última" para coisa nenhuma. Eu tenho medo de que se realize. A propósito, como a primeira carta deste livro fui eu que escrevi, creio que você possa fechar o livro com suas palavras, então a decisão será sua, embora nada aqui seja "último". Aliás, meu amigo, nesse segundo tempo da vida, "*nel mezzo del cammin di nostra vita*", como em Dante, estamos apenas no começo.

Hoje, segunda-feira, dia 29 desse novembro intenso, eu abri o computador e vi que não havia fechado o navegador. Ele estava aberto em uma página chamada "Cartas do exílio", que é como eu chamo o arquivo com as nossas cartas. Eu provavelmente estava procurando o arquivo no computador e, cansada, pois isso foi antes de dormir, devo ter digitado o nome do arquivo na busca do Google. No site, aparece a descrição: "Cartas de amor e de esperança de um cidadão aragonês à sua família no tormento da guerra e do exílio (1929-1940)." Trata-se das cartas enviadas por um homem chamado Marcelino Sanz Mateo, nascido em 1894, em uma pequena cidade do Baixo Aragão, na província de Teruel, na Espanha, e morto em 19 de julho de 1941 em um campo de concentração perto de Mauthausen, oito meses depois de ter chegado ali. Ele tinha apenas 47 anos quando morreu. Sua última carta foi escrita em 1º de junho de 1940 e enviada de Novéant-sur-Moselle, na França. É aterrador imaginar que um pai de família, que amava loucamente a mulher e os sete filhos, tenha sido deportado para um campo de concentração na Áustria depois de ter passado com a família pelo campo de concentração francês em Argèles-sur-Mer. Marcelino era um trabalhador. Contudo, havia se interessado por política, literatura e arte ao longo da vida. Ele era um republicano catalogado pelos fascistas da época como "vermelho", da mesma forma que qualquer defensor da democracia hoje é chamado de "comunista". E foi por querer viver e cuidar da família em um mundo mais justo que ele fugiu da Espanha. O país logo estaria submetido à ditadura franquista.

Você cruzou com ele em La Jonquera, em épocas diferentes, mas o tempo continua sendo o mesmo. E o "anjo da história" está cada vez mais perplexo.

Um abraço bem apertado,
Marcia

Barcelona, 29 de novembro de 2021 (outono)

Querida Marcia,

Comecemos pela rotina. Ter conseguido criar — haja verbo nessa nossa língua! (risos) — uma rotina durante o confinamento exigido pela primeira resposta à pandemia (um segundo exílio dentro do exílio) foi o que me salvou da loucura, minha amiga.

O anúncio da pandemia — e o subsequente fechamento de fronteiras por tempo indeterminado; a suspensão de voos; as referências explícitas à "guerra" nas declarações das autoridades políticas — ruiu a parte de meu edifício psíquico que me mantinha de pé e me dava a sensação de que eu estava no controle, de que seguia sendo o síndico.

Desde 2005, quando venci a quinta edição do BBB e me tornei famoso em todo o país, até minha saída do Brasil, em 2018, estive num furacão de acontecimentos que impactaram minha relação comigo mesmo e com o mundo, e sobre os quais não tive tempo de elaborar. De celebridade de *reality show* a personalidade política internacionalmente conhecida, incluída na lista das "50 personalidades que mais defendem a diversidade no mundo" elaborada pela revista

The Economist, minha vida deu uma guinada inesperada que, se por um lado me permitiu fazer mais pela causa dos direitos humanos na qual já estava engajado muito antes da fama, por outro, me colocou na posição de alvo dos ataques dos inimigos dos direitos humanos, em especial dos que odeiam e desejam eliminar a comunidade de gays, lésbicas e pessoas transgênero. Em que pese eu ter vencido a edição do *reality show* e ter saído de lá amado pela maioria dos telespectadores, desde essa época venho sendo atacado pelos homofóbicos, não só pelos que integram a extrema direita (onde eles se mostram de maneira mais ostensiva), mas também pelos que estão na direita, no centro, na esquerda e na extrema esquerda. A homofobia é ubíqua e quase uma unanimidade política, minha cara.

Se eu levar em conta os anos anteriores à fama, contando do primeiro insulto que ouvi, aos 6 anos de idade, até o dia em que meus amigos Maurício, Klebson e eu fomos ameaçados por um homem armado, na saída da boate Holmes, em Salvador, passando pelos assassinatos, motivados por homofobia, de dois grandes amigos meus (Joel Lobo e Angelo Barroso), e pelos tenebrosos anos da epidemia de aids, posso dizer que estou sob ataque desde sempre.

E meu corpo franzino e pequeno de nordestino, que passou fome durante quase toda a infância, aguentou quatro décadas de ataques sem recorrer a nenhuma terapia ou remédio...

O confinamento exigido pela covid-19 disparou, então, o gatilho. Dia 13 de março de 2020, três dias após o meu aniversário, a Universidade de Harvard — onde eu estava atuando como professor visitante — anunciou seu fechamento. Deu-nos 24 horas para recolhermos nossas coisas no escritório e nos isolarmos em casa. O inverno estava rigoroso, com temperaturas abaixo de zero todos os dias. O frio me causa uma alergia respiratória que, até então, eu desconhecia ou não identificava. Essa queda na oxigenação, somada aos traumas e terrores — até então recalcados no inconsciente — reavivados pelo anúncio do confinamento, e a subsequente histeria coletiva que ele produziu, me levaram a uma severa crise de pânico. Eu estava só em meu quarto numa das residências da universidade. Meu peito começou a apertar, meus pés e mãos começaram a suar frio. Veio uma vertigem. E então pensei: "Estou morrendo." Corri para o telefone e enviei para meu grupo de amigos brasileiros em Cambridge (a maioria, alunos e alunas de Harvard) o código da fechadura do meu quarto. E avisei: "Estou tendo um infarto." Então me deitei na cama para esperar a morte... que não veio. Veio o casal de músicos amigos — Rejane De Musis e Ebinho Cardoso — que me salvou e me acolheu.

Em outra carta, para não estender tanto esta, eu lhe conto a terrível experiência de ir parar num hospital de ponta em Boston com sintomas respiratórios e crise de ansiedade num momento em que pouco ou quase nada se sabia sobre a pandemia do novo coronavírus e da enfermidade que ele causa.

Eu contei tudo isso para explicar que ter criado uma rotina foi o que, a princípio, me salvou da depressão ansiosa. Limpar o quarto todos os dias, cozinhar, escrever, ler e, principalmente, desenhar era o que me afastava da borda da loucura que era ver a mesma paisagem da janela todos os dias, em crise de ansiedade e sem remédios. Quando houve uma flexibilização e pude começar a encontrar os amigos e amigas do grupo, com a devida distância social, eu só chorava...

Como propõe nossa amiga Elisa Lucinda em sua genial peça de teatro, jamais falarei mal da rotina outra vez em minha vida (risos).

A partir de então, Marcia, eu estou que nem você, sempre na expectativa de que o fim seja logo mais, e de que tudo esteja mais ou menos em ordem quando encontrarem meu corpo. Por isso mesmo estou tão desassossegado com o fato de minha pia estar entupida há três dias. Não consigo lavar a louça nem arrumar a cozinha. Estou completamente sem grana para chamar alguém para consertar. O dinheiro que você generosa e solidariamente me emprestou ainda não chegou em minha conta. E Noêmia, que poderia me ajudar, como vem me ajudando ao longo desses três anos sempre que as coisas apertam aqui, está em Paris. De modo que não consigo consertar a pia entupida e essa situação virou uma metáfora momentânea da minha vida (risos).

O temor de que, por morar sozinho, demorem para encontrar meu corpo depois do fim — o que, para mim, desde o início do exílio, pode acontecer a qualquer momento — faz com que eu não saiba o que fazer com a porta na hora de dormir. Não posso deixá-la só encostada porque temo uma invasão enquanto durmo. E tenho medo de trancá-la e dificultar o acesso ao quarto caso morra dormindo. Temo que Sig, meu cachorrinho, fique sem amparo. Isso talvez soe como uma paranoia, sintoma da ansiedade. E pode ser que seja mesmo, ainda que meu psiquiatra, Jordi Obiols, tenha dito que, no meu caso, não se trata de paranoia, mas de uma precaução necessária por todo o meu histórico de vida.

O exílio é, ao mesmo tempo, assim me parece, um excesso de passado e de futuro na alma: passado a que não se volta, futuro a que não se chega.

Eu diria, em meu misticismo insistente (risos), que, ao iniciarmos uma reflexão sobre nosso exílio, abrimos um canal de comunicação com os mortos que viveram essa experiência; eles têm muito a nos dizer, seja em consultas conscientes aos seus textos, seja em episódios aparentemente aleatórios como o de encontrar o Museu da Memória do Exílio em La Jonquera. Aliás, Marcelino Sanz Mateo — o trabalhador aragonês que você encontrou no Google a partir de uma busca inconsciente — está citado na memória do museu. Veja só.

Eu tenho um amigo catalão chamado Josep. Como Marcelino Sanz Mateo, ele é um trabalhador interessado pelas artes e por política. É um homem especial em minha vida aqui em Barcelona. Lindo, muito parecido com o ator argentino Ricardo Darín (e mais ou menos com a mesma idade), inteligente e sensível. Apaixonei-me por ele e com ele vivi a noite de amor mais incrível de minha vida, sob o céu estrelado do verão da Catalunha. Mas logo nossa paixão virou amizade, que é um sentimento muito mais nobre. Josep, como a maioria dos espanhóis, carrega traumas familiares deixados pela guerra civil e a subsequente ditadura de Franco, principalmente por causa do silêncio que esta lhes impôs após derrota dos republicanos. Ele me contou que, a alguns quilômetros de La Jonquera, passa uma estrada que vai dar no povoado de Albanyà, onde viviam seus avós, e ali a estrada acaba. Após a vitória dos fascistas, temendo a prisão e/ou a execução sumária, muitos republicanos, em fuga para a França, pegavam por engano essa estrada sem saída, que terminava em Albanyà, ao pé da cordilheira que separa a Espanha da França. Famílias inteiras, com crianças, deixaram os automóveis e se embrenharam mata adentro para subir a montanha e chegar até o outro lado. Imagine o desespero! Eu imagino. Pois fui levado por um sentimento parecido quando Bolsonaro venceu as eleições de 2018, os fascistas de verde e amarelo tomaram as ruas do Rio de Janeiro e o Exército colocou tanques para desfilar em Niterói em comemoração. Naquele momento, senti que minha sobrevivência dependia da saída do país o mais rápido possível. E, como as famílias catalãs, deixei tudo para trás. Você também deixou. De tudo de material que conquistamos com nosso duro e honesto trabalho, nada nos restou. Só sobrou a vida a ser preservada. A liberdade estaria em outro lugar. E o exílio é isso.

Te amo demais! Fique bem.
Jean

Há amor e é por isso que seguimos

Amadíssimo,

Leio o que você me escreve com vontade de te abraçar. Não é possível comentar tudo o que você diz, mas eu abraço cada palavra tua. Quero que você seja muito feliz. Para mim, ser amigo de alguém é sentir alegria pela alegria do outro e ajudar sempre que necessário e possível. Imagino a tua cabeça no meio de tudo isso, e mesmo tendo a minha própria história como parâmetro, apesar das muitas diferenças, não deixo de me horrorizar com tudo o que você passa e que as pessoas não podem imaginar como é. Eu ainda vou falar mais das questões materiais, mas tenho outras coisas para dizer.

No meio de tanto ódio, o amor é tão mais necessário e poderoso. Vamos levá-lo adiante incansavelmente.

Sobre isso, queria te contar uma coisa, tendo em vista que, ontem, como sempre, recebi ameaças de morte pelas redes sociais. Infelizmente isso se tornou habitual. A gente vai se acostumando com a perseguição, a fuga e até a estupidez de muita gente. Há, contudo, muito amor, e é esse sentimento que segura tudo. O amor que eu sinto pelas pessoas e pela existência deste planeta em sua complexidade e o amor que vem dos outros. Há amor e é por isso que seguimos.

Infelizmente há ódio demais também. Sabemos que 2022 não será simples, e que seremos usados novamente no sistema do ódio e da mistificação. Não podemos concorrer a cargos públicos, pois seríamos usados pelos odiadores; não podemos voltar, porque seremos usados; nossas imagens sequestradas por esses grupos são usadas para desencadear o ódio e produzir monetização e engajamento nas redes. Se encontrados por nossos *haters*, corremos o sério risco de sermos mortos. Eu ando muito só há muito tempo e, às vezes, também me bate uma certa paranoia e me pergunto se estou sendo seguida. Sempre tive medo de olhar as mensagens que chegam nas redes sociais, pois ali a profusão de ódio é alucinante, mas a vida real não permite relaxar. Lembro da história do frei Tito (você tem que ler o livro da Leneide Duarte-Plon sobre ele) dizendo que havia visto o delegado Fleury, seu torturador, nas ruas de Paris. Não era impossível, considerando a colaboração internacional das polícias nas ditaduras.

Tenho medo de andar pelas ruas de qualquer cidade e ser surpreendida por um *hater*. Em Nova York, há algum tempo, tive que me esconder dentro de um hotel, pois adoradores do Hitler brasileiro desceram de um carro e vieram na minha direção com seu grito de guerra e seu telefone transformado em arma na mão. Mas também em Paris, onde moro apenas porque tenho um contrato com uma universidade daqui, já tive que me esconder de pessoas agressivas. O uso de máscaras durante a pandemia me deu certa sensação de paz nesse sentido. Nunca se sabe se os *haters* vão ficar só no xingamento ou se vão partir para a agressão física. Por outro lado, minha estratégia de sobrevivência mental implica a suspensão das emoções. Acho que entro em estado de meditação imediata. Tenho longos períodos de completa ausência. Quando tenho medo de morrer, eu simplesmente penso no livro que estou escrevendo, e isso me ajuda a acordar mais cedo para aproveitar o dia. Você sabe que sou de resolver coisas práticas e de viver um dia de cada vez como se não houvesse amanhã.

Infelizmente, Jean, não se trata apenas de saber como cada um de nós vai sobreviver. Há algo mais grave que está implicado na guerra cultural da qual somos alvos. Nós — nossos corpos e discursos — somos usados para destruir a esquerda. Portanto, nós não somos um problema só nosso. Por isso, a esquerda deveria se ocupar mais dos nossos casos, digo até institucionalmente. Nossos casos deveriam ser bem cuidados, pois eu e você fomos capturados como armas que agora são usadas contra a esquerda. Somos *tokens*, senhas para os agitadores fascistas ganharem notoriedade e atiçarem as turbas contra nós. Do mesmo modo que o sexo e o gênero vêm sendo usados contra os estudos de gênero — e por isso precisamos estudar mais e mais esses temas —, eu e você viramos balas de canhão nas mãos dos nossos algozes, balas que são usadas para destruir o nosso campo por meio de *fake news*. Vai ser preciso desmontar as mentiras e a mentalidade que as sustenta por dentro, e precisamos de muita filosofia e todo tipo de movimentação intelectual e analítica para isso.

No meu caso, tive minha imagem e minha fala sequestradas desde 2018. O sequestro da tua imagem é um caso ainda mais antigo. Quem vai nos indenizar desse sequestro imagético? Quem vai nos proteger da barbárie nessa selva digital?

E, veja só, não nos livraremos disso tão cedo, pois vítimas lutadoras como nós são um imenso capital usado por todos. Ontem, num grupo de WhatsApp de gente de esquerda, um cidadão gay se manifestou contra a utilização da hashtag #noivinhadoaristides, que fez sucesso essa semana nas redes no ativismo antibolsonarista. A piada foi produzida pelo próprio Bolsonaro, quando mandou prender uma mulher que o xingou com essa expressão. Foi um tiro que saiu pela culatra, pois, se Bolsonaro não tivesse se irritado, nada teria acontecido. Muitos acham que nesse sentimento manifesto existe alguma verdade oculta. Não é impossível. Para a extrema direita alicerçada na chamada "fiscalização de cu", tornar-se alvo do seu próprio veneno é algo inesperado e, para os críticos, algo que não pode ser deixado de lado. No referido grupo, argumentei que ninguém estava atacando os gays, mas usando uma arma da direita contra ela mesma. E levantei um aspecto que as pessoas costumam perder de vista: a política na forma teatral como é feita depende de personagens construídos, com figurino e texto. A heterossexualidade é um alto capital usado por políticos na composição do personagem do macho. A estética do que eu chamei de "macho limítrofe" implica o agressor, o corpo musculoso vestido com camisa polo e sapatênis ou paletó e gravata bem justinhos com o objetivo de mostrar os músculos, a cabeça careca ou com corte militar, que deve sempre ameaçar, inclusive de morte, posar com armas e aparentar frieza absoluta (quando presos, eles choram, o que vem se tornando uma tática dos falsos machões). Se trata de uma estética fundamental em nossa época machista e opressora. Muita gente se elege com base nesse tipo de performance, com os signos da opressão ligados a um tipo de heterossexualidade que se implanta pelo exagero e pela violência.

São os machos histéricos que sabem do poder da histeria. Veja quantos estão em Brasília, meio no qual você atuou com honestidade e liberdade "ofensivas". Jean, meu amigo, de fato, nunca foi a tua homossexualidade que ofendeu, o que ofendia esses homens era a tua honestidade.

Por isso, a entrada na política de corpos fora do padrão hétero-patriarcal-capitalista-racista é revolucionária. A conquista do poder anda junto com a reserva de privilégios. E os privilégios usam a estética (o que Hegel chamava de "aparecer" e que hoje chamamos de "performance") como um campo de batalha. Os sacerdotes do capitalismo chegam já como os vencedores porque impuseram normas estéticas rígidas. Ora, na caserna tudo é milimetricamente pensado e feito para garantir a opressão já nos coturnos bem polidos e lambidos...

Bom, voltando ao argumento do meu opositor naquele debate, ele dizia que não se deveria usar a piada da "noivinha do Aristides", que remete à experiência do suposto prazer anal do presidente na juventude, em sua vida na caserna, pois isso reforçava os estereótipos e a violência contra pessoas LGBTQIA+. Tem muita coisa no meio disso, mas, para resumir, embora ele tivesse razão pelo fato de que não se deve usar a linguagem de modo violento, coisa que para outros é um prazer, com seu argumento, ele também estava operando fora do contexto de guerra simbólica no qual vivemos hoje. E, pasme, no meio da peroração contra o uso violento da sexualidade, ele escreveu "Quero que essa Marcia Tiburi se foda" e logo depois apagou. Claro que ele não imaginava que eu estivesse vendo. Eu apenas respondi dizendo que a mensagem que ele havia apagado era a prova de que eu tinha razão, que o sexo era uma arma de guerra e que ele sabia bem o que isso significava. Aproveitei para dizer que não devíamos brigar entre nós, pois seria completa perda de tempo.

O que me espanta um pouco é que esse tipo de coisa não me toca. Ataques em geral, embora os da extrema direita sejam muito mais profusos, me dão material de análise, e, nesse sentido, ser professora de filosofia me traz uma realização existencial profunda. Me apavora pensar que vivemos isso, mas eu não me deixo afetar — pelo menos, penso que não. Posso morrer a qualquer hora, mas o fato de ter buscado entender o que está se passando me preenche de um sentimento de dignidade. Isso me faz pensar que a minha vida, apesar de tudo, é maravilhosa, porque posso elaborar o sentido de existir neste mundo sob essas condições. Sempre fui muito estoica e acho que estou ficando cada vez mais, entregue à construção de meus mundos ficcionais e linguísticos.

Deploro tanto a adulação, o puxa-saquismo, quanto a agressão gratuita, mas me encanta analisar a vida da contradição da qual nenhum de nós está livre.

E, por isso, detestando viver só, é que eu percebo que estou amando viver só, ou seja, viver eu comigo mesma.

Mas ainda bem que tem você na minha solidão, meu amigo!

Amor imenso por você,
Marcia

QUARTA PARTE

Conversa entre fantasmas

Aulas de filosofia

Querido Jean,

Hoje, 1º de dezembro, com um dia menos frio (apenas 11 graus), sou eu que escrevo antes de receber a tua resposta. Tive uma insônia daquelas e resolvi trabalhar em vez de ficar me virando na cama preocupada com tudo e todos. Escrevi o projeto de um curso de filosofia contemporânea que estou querendo organizar há tempos. E, no silêncio da madrugada, cada aula que eu colocava no papel me parecia uma estrela brilhante. Jean, nada me deixa mais feliz do que aulas de filosofia. Minto, eu fico feliz também quando encontro uma solução literária ou visual no meu trabalho. Mas aula de filosofia para mim é uma espécie de substância antidepressiva. De fato, é algo de uma alegria tão pura que eu tenho certeza de que me tornei professora de filosofia por me permitir ser levada apenas pela alegria das ideias, antes mesmo de pensar em ter uma profissão ou uma função social na vida.

Mas, para dormir, fui procurar um livro no aplicativo do celular. Sim, peguei mania desses aplicativos de livros digitais e, pior, gosto muito deles. Adivinha o que apareceu do nada? Estava ali sugerido em primeira mão como se fosse a mão de Exu abrindo generosamente um caminho: o livro de Stefan Zweig sobre Américo Vespúcio. Uma edição bem bacana de uma editora chamada Labrador, que eu não conhecia. Foi o último livro que ele escreveu, ou seja, quando estava em Petrópolis e decidiu tirar a própria vida junto com Lotta. O seu fim trágico foi lamentado por várias pessoas, inclusive Thomas Mann e Hannah Arendt. Na apresentação, Henrique Veltman comenta sobre o modo negativo como ele foi julgado por seus pares por ter tirado a própria vida. Mas esses julgamentos perdem de vista que ele era uma pessoa que não se valorizava muito, nem a sua personalidade nem a sua obra. Caso também de Walter Benjamin. Tem sempre algo muito absurdo nos suicídios dessas pessoas que deixam uma obra genial, mas também é verdade que essas pessoas não foram valorizadas em vida como deveriam. A mensagem que elas recebem do mundo não as convence a viver. Por isso, quando sei de um suicídio (e atualmente são tantos), sempre lembro do texto de Artaud sobre *Van Gogh, o suicidado da sociedade*.

Eu fiquei perplexa com o texto de Zweig sobre Vespúcio, porque, além de tudo, discuti a tese central do "erro" histórico do nome "América" no meu livro *Complexo de vira-lata* sem saber que ele já havia falado sobre isso. E eu achando que estava descobrindo algo novo ao falar de uma "falsa identidade" imposta sobre um território inteiro e seus povos diversos. O nome "América" é tão inadequado como o nome "índio". Ao lecionar filosofia latino-americana, costumo fazer o percurso desse problema, mas me achei a maior ignorante por não ter lido o Zweig. E não é por acaso que o encontro depois que você o cita.

Só queria te falar isso agora e deixar a pergunta que está me martelando desde a madrugada e que faz meu coração doer mesmo: por que, Jean, por que tudo isso está acontecendo?

Vou sair para o ateliê, mas antes vou almoçar pão com sardinha, porque não tem nada para comer nesta casa, e ando sem vontade nenhuma de cozinhar nada. E isso, querido, não é normal em mim.

Meu abraço apertado com o amor de sempre,
Marcia

Barcelona, 1º de dezembro de 2021 (outono)

Queridíssima amiga,

Estou neste momento num trem de Madri para Barcelona. Estive lá para acertar detalhes daquele trabalho indicado por Mercadante. O Fórum de Ação Comum (Common Action Forum) vai me contratar para elaborar um programa de atividades sobre a desinformação e as *fake news*. Isso me trouxe uma certa alegria, porque me ajudará a pagar as contas até a bolsa ser renovada. O coordenador desse Fórum, Rafael Heiber, homem lindo em todos os sentidos da palavra, tratou-me com uma deferência e um respeito que me emocionaram. Conversamos por horas sobre todas as questões que nos afligem na contemporaneidade, das mudanças climáticas decorrentes do aquecimento global à mudança na relação com a morte produzida pelas redes sociais (à qual você se referiu em carta anterior, quando mencionou o fato de ter acompanhado a morte de seu pai pela tela de um tablet), passando pelos efeitos da colonização europeia no Sul global.

Em relação a este último tema, e a propósito de sua referência aos textos, seu e de Zweig, que abordam o equívoco em torno do nome "América", conto-lhe que visitei uma impactante exposição do cineasta e artista plástico filipino Kidlat Tahimik, feita sob encomenda para o Palácio de Cristal do Parque do Retiro, que é uma extensão do Museu Reina Sofía. Marcia, eu só pensei em você. Pelo nome da exposição — *Magallanes, Marilyn, Mickey y fray Dámaso: 500 años de conquistadores RockStars* — você já vai inferir um pouco de seus significados. Com esculturas e instalações monumentais que misturam materiais das artes manuais dos povos originários das Filipinas pré-colonização às técnicas das artes plásticas ocidentais, e que cruzam referências da ancestralidade desses povos aos produtos da indústria cultural estadunidense, Tahimik desnuda as contradições e ironias que surgem da relação sempre complexa entre nós, os colonizados, com os nossos colonizadores de antes e de hoje. Ainda que ele não utilize a expressão, o "complexo de vira-lata" a que você se refere está lá, ridicularizado com um tipo de beleza que contrasta ao mesmo tempo que complementa a beleza do Palácio de Cristal. Mergulhei numa tensão que só a arte pode produzir: eu — colonizado anticolonização — estava embevecido pela beleza do parque e do palácio construídos pelos nossos colonizadores e que hoje abrigavam uma bela exposição crítica da colonização...

Seria a revanche dos outrora perdedores ou a cooptação da resistência anticolonial? Ou ambas as coisas? Como nos separamos dos colonizadores quando eles já nos constituem por meio da língua e do repertório cultural? Como separar as atrocidades cometidas pelos colonizadores europeus contra os povos do Sul global da herança cultural que eles nos legaram? São questões que me perturbam...

Veja, amada, estou seguríssimo de que tem dedo de Exu em nossa comunicação com os mortos, afinal ele é o guardião do portal entre a Terra e os mistérios. Contudo, o fato de o livro de Zweig ter aparecido para você no aplicativo está relacionado ao "capitalismo de vigilância" ao qual estamos submetidos desde que "plataformas" de comunicação e conteúdo, como Google, Facebook, YouTube, Twitter, Amazon e Netflix, colonizaram a internet e passaram a mediar nossa relação com o mundo digital. Os hardwares — smartphones, tablets e laptops — que operam esses aplicativos estão dotados de câmeras e microfones que captam todas as nossas interações e as submetem a "inteligências artificiais" as quais, a partir desse escrutínio, sugerem-nos mercadorias, serviços e ideias na medida dos nossos desejos conscientes e inconscientes. O conceito de "capitalismo de vigilância" foi elaborado pela socióloga do trabalho Shoshana Zuboff. Essa nova economia — mutação do capitalismo neoliberal — engendra e enseja a desinformação contemporânea perpetrada pela extrema direita por meio da disseminação de *fake news* e teorias da conspiração em redes sociais. É este o tema de minha pesquisa de doutorado na Universidade de Barcelona.

Creio que Exu seja, diante das predatórias tecnologias da desinformação, a *différence* à qual se refere o filósofo Derrida: o ruído que permite a criação artística e a resistência política, bem como o portal por meio do qual os mortos se comunicam conosco.

Exu pode nos dar ou não o antídoto para o veneno que se propaga nas redes sociais. O Twitter nunca me pareceu tão tóxico quanto agora. O Brasil que emerge dos perfis que eu sigo é uma calamidade política, ética e cognitiva. Enquanto os perfis dos "grandes jornais" e de seus colunistas (a mídia de direita) fazem a propaganda descarada do juiz corrupto Sergio Moro, os perfis da imprensa independente e dos ativistas de esquerda trocam insultos publicamente em função da suposta morte do criador de um perfil *fake*; quase no mesmo momento em que o Senado "sabatina" um fundamentalista cristão limítrofe para uma vaga no Supremo Tribunal Federal. Tudo isso aumenta minha ansiedade e me dá uma sensação de impotência. Já não consigo ficar mais que dez minutos seguidos nessas redes sociais...

O comportamento de boa parte da esquerda ainda me decepciona. Episódios como esse do ativista gay que te insultou no grupo de WhatsApp por você ter problematizado a suposta superioridade moral dos que se recusam a usar a homofobia de Bolsonaro contra ele mesmo, neste momento em que dispomos de tão poucas armas, me desanima um pouco. Episódios assim me dão vontade de abandonar a luta (coisa que, creio, jamais farei). Então quer dizer que, para essa gente, mais vale defender Bolsonaro de sua própria homofobia, sob a desculpa de que o uso dessa como arma contra ele estigmatizaria a comunidade LGBT, do que se somar à reflexão que você faz? Que gente é essa?!

Não me espanta, portanto, que os suicídios de Walter Benjamin, Van Gogh e Stefan Zweig possam ter sido motivados por "fogo amigo" e/ou desprezo calculado dos pares, fruto da inveja e do infortúnio de infelizes que os impediam de ver a grandiosidade de suas próprias obras.

Bom, amada, fico por aqui. O trem está chegando na estação de Sanz. O dia ontem estava lindo. Um típico dia de outono com sol.

Te amo,
Jean

P.S.: Hoje é o Dia Mundial da Luta Contra a Aids. No Brasil, se os prédios públicos estão — ao menos, deveriam estar — iluminados de vermelho para comemorar esta luta ainda inconclusa, é por causa de uma lei cujo projeto é meu.

Barcelona, 5 de dezembro de 2021 (outono)

Queridíssima Marcia,

O inverno está mais perto. Hoje o frio se intensificou e a noite chegou mais cedo, tornando o domingo ainda mais insuportável do que já é. É tão curiosa essa minha percepção dos domingos. Desde que me entendo por gente, experimento os domingos, principalmente a partir do meio-dia, como se fossem uma pequena morte. Já escrevi sobre isso. É impressionante como nossa relação com o tempo e sua passagem está moldada pela cultura, mas é sentida como uma natureza. É assombrosa a maneira como os mitos — as narrativas fundadoras, essas histórias que nunca aconteceram, mas sempre estiveram aí — se inscrevem profundamente em nós e programam nossa consciência no processo de aquisição da língua que falamos! E essa maneira como experimento os domingos — como o fim de uma pequena jornada às vezes de sucesso, às vezes de fracasso — é só uma pequena prova da força da cultura na construção do sujeito. Quando comecei a ler a Bíblia, ainda criança, e vi, no Gênesis, que Deus descansou no sétimo dia da criação, me perguntava se Deus teria sentido o mesmo tédio que me ocorre. Agora, no exílio, esse tédio tem se transformado quase em banzo, tal como você descreveu em carta anterior. Sim, banzo. Minha intenção nessa comparação não é banalizar a experiência dolorosa de ser despojado da terra e da língua para ser escravizado. Não. É buscar o nome da experiência mais próxima do que estou sentindo aos domingos no exílio. Porque o que sinto não é a saudade portuguesa, que tampouco é uma simples nostalgia, já que não é um sentimento de todo negativo, ao contrário.

Conto as horas para que os domingos acabem. Beber nos cafés é uma maneira de suportá-los nas outras estações. Mas quando chega o inverno nem isso dá conta.

Neste momento, me ocorre que, se alguém me perguntasse qual cor eu associaria ao exílio, eu responderia de pronto: cinza! Gris! Nada é preto ou branco. Tudo é cinza, portanto, mistura de luz e sombra em vários tons — sem querer, estou mencionando aquele romance cafona que falsamente celebra a liberdade sexual feminina (risos). Há muitas coisas boas que o exílio me trouxe, sendo a mais importante delas a possibilidade de seguir vivo e intelectualmente produtivo — algo que já não era possível em nosso país, o Brasil. O exílio nos tirou muitas coisas, mas há outras que só ele poderia nos dar em troca. A aquisição de outra língua, a visita a novas paisagens culturais, o encontro e a troca com outras e outros intelectuais e artistas, a ampliação do repertório cultural e do imaginário, a clarividência sobre o mal que se repete em qualquer cultura e a oportunidade de fazer novos amigos tornam o exílio mais suportável. Nem tudo é sombra. Nem só de fantasmas estão povoadas suas ruas. Estas também estão cheias dos espectros de que necessitamos para seguir em luta e, talvez, voltar.

E você, amada, como está? Noêmia me falou da conversa que vocês — Jimmy, ela e você — tiveram sobre a minha situação e de seus esforços para me ajudar financeiramente. Muito obrigado, Marcia. As coisas vão se acertar, estão se acertando, ao que parece. Peço que vocês sejam discretos em relação a isso, não porque eu tenha vergonha de falar da minha situação ou de pedir ajuda (eu tenho dificuldade de pedir ajuda, não vergonha), mas para que a informação não caia em mãos inimigas e seja utilizada contra mim em mais uma peça de difamação e assédio. Todo cuidado é pouco com a aproximação das eleições.

E, por falar em eleições, você viu o sucesso da entrevista de Lula para um podcast feito por influenciadores digitais negros, o *Podpah*? Até então eu nunca tinha ouvido falar desse podcast (mistura de canal de rádio e televisão na cultura digital), assim como havia gente que não sabia da existência de Marília Mendonça antes de sua morte...

Essa minha ignorância sobre o *Podpah* me fez pensar no que diz o filósofo Peter Sloterdijk sobre a contemporaneidade reconfigurada pelo capitalismo de plataforma e pela cultura digital. Somos cada vez mais uma espuma: infinitas bolhas sobrepostas formando um líquido fluido. Marx havia dito que, no capitalismo, tudo que é sólido se desmancha. Está certo. Mas agora estamos lidando com bolhas que se juntam a outras e seguem em torrente sem que seus conteúdos e/ou habitantes se comuniquem entre si. Tudo se desmancha, mas, contraditoriamente, parece ter uma direção. O "mundo comum" naquele sentido observado por Hannah Arendt, cada dia mais, se dissolve em espuma nesse capitalismo tardio. E essa espuma ameaça dissolver o mundo comum também com consequências para o planeta Terra. Hoje, vi a notícia de que habitantes das ilhas do Pacífico já se preparam para serem engolidos pelo mar e sua espuma, adensada pelos dejetos industriais e pelo aquecimento global.

Será que vamos conseguir deter essa dissolução geral, Marcia? E, pensando apenas do ponto de vista do indivíduo, será que nossos eus, egos e consciências conseguirão seguir inteiros ante tamanha e profunda transformação em nossos modos de vida e na paisagem que conhecemos? De que novas doenças da alma já estamos sendo acometidos, além das epidêmicas depressões ansiosa e nostálgica?

Dou uma olhada nas redes sociais e vejo um espelho partido em milhões de pedaços: só com muita distância para identificar a paisagem que eles refletem, ainda assim de forma distorcida: uma onda de espuma. De perto, nada faz sentido: cada pedaço reflete uma parte da espuma, às vezes uma única bolha.

Esforço-me para me distanciar e distinguir os movimentos da onda ali refletida de forma fragmentada. Mas isso dá um trabalho danado, um tremendo esforço intelectual. Juntar esses pedaços como num quebra-cabeça requer tempo, repertório e sagacidade. Recompor o mundo comum em nossas mentes por meio de análises, ficções e artes visuais nos esgota. Há dias em que perco a paciência e perigo me deixar ser arrastado pela espuma sem pensar aonde ela vai dar — afinal, para algum lugar a merda tem que ir, em algum lugar o esgoto tem que sair, como disse Tieta, a personagem de Jorge Amado —, mas logo estou eu de novo a desempenhar essa tarefa árdua que é dar sentido à (minha) vida. Distinguir-se da merda e não ir parar no esgoto.

Bom, amada, fico por aqui. Vejo as fotos de suas obras no Instagram e me dá uma vontade enorme de conhecer seu ateliê.

Queria muito poder compartilhar um ateliê com você, pintar e fazer coisas maiores. Trabalhar com outras tintas e fazer mais experimentos em cores e materiais. Aprender mais sobre as artes visuais com você.

Um beijo!
Jean

O exílio, nesse sentido, é contraditório: estamos em nosso país virtualmente, mas não fisicamente. A condição virtual me dá a sensação de que sou um espectro. Isso me apavora.

MARCIA TIBURI

Museu da imigração

Meu superquerido,

Há dias penso em responder tua carta anterior. Você sempre me conta tanta coisa. Sinto tanta gratidão por cada informação, por cada sugestão, por cada reflexão. Quanta luz. Tenho vontade de reler todas as cartas, e é o que farei assim que acabarem as aulas.

Hoje estive num museu dedicado à imigração (Musée national de l'histoire de l'immigration). O debate em torno da exposição de Picasso foi um momento muito instigante. Na foto de capa do catálogo está Picasso com 30 anos, talvez. Não posso olhar para ele, é forte demais. Por que há pessoas que nos interpelam com os olhos?

Nesses dias olhando mais de perto para a história desse homem estrangeiro em Paris, fui tomada de uma paixão. Não é, evidentemente, uma paixão amorosa, mas uma paixão artística. Picasso não quis saber de muita coisa além de sua obra. Quero dizer, ele tinha uma tarefa histórica e a cumpriu. E era uma tarefa de linguagem. E toda tarefa de linguagem é também espiritual. De fato, ele transformou a arte contemporânea. Abriu um século diferente. Muita gente fala de

Duchamp, mas Picasso não foi menor; digamos que ele foi a encarnação do que Duchamp fez espiritualmente.

O meu ateliê deve durar até fevereiro. Como você sabe, é uma ocupação que vai ser demolida. Quem sabe você vem antes disso. Se um dia eu puder trabalhar no Brasil, terei um ateliê-escola. Se eu pudesse, ensinaria muita gente a desenhar e pintar como acredito que, sendo uma professora de filosofia, um dia eu possa ter ensinado a pensar. Em um dos meus livros, escrevi sobre o potencial epistemológico e filosófico do desenho. Além disso, acredito na arte como elemento de autoconstrução. Acredito demais que podemos fazer nascer subjetividades muito livres a partir de experimentos na linguagem e de processos construtivos.

Já que estamos com o tema do exílio a alicerçar nosso dia a dia, tenho que falar sobre um fato. Às vezes, surgem pessoas muito chatas falando asneiras homéricas sobre nossa vida no exílio, e eu fico com uma imensa preguiça. Vou expor a você o que vivi esta semana, mas já no quadro dialético que nos dá o problema e a solução.

Dei uma entrevista a uma amiga, a Leneide Duarte-Plon. A entrevista sobre o exílio aconteceu bem antes da vinda de Lula à França. Outra amiga me contou sobre um companheiro de partido que disse coisas absolutamente estúpidas a respeito da minha entrevista. É uma pessoa que no passado me enviava mensagens dizendo que eu não poderia opinar sobre o Brasil, pois não estava vivendo lá. Evidentemente essa pessoa não chegou à era digital. O exílio, nesse sentido, é contraditório: estamos em nosso país virtualmente, mas não fisicamente. A condição virtual me dá a sensação de que sou um espectro. Isso me apavora.

Além disso, o sujeito reclamava que eu não falava de Lula na minha entrevista. Lula não tinha ainda passado pela França, mas, sinceramente, mesmo Lula sendo Lula, há outros assuntos além dele. Todos nós defendemos Lula como candidato, estamos na luta para que ele se eleja. Mas achei esse cara um simples idiota por ser incapaz de entrar no espírito da entrevista. Como esquerdomacho que não lê o que eu escrevo, e que leu a entrevista esperando que eu falasse de Lula, ele não vai ler nosso livro, e, ao defini-lo como um idiota, é uma pena que ele não vá saber que eu o acho um idiota. Aliás, nem tenho tempo para isso. Essa frase se desintegra no tempo em que eu a escrevo por pura falta de paciência com um pateta como esse.

Hoje, diante do poeta Falmarès, que aos 14 anos teve que fugir da Guiné-Bissau para continuar vivo, e que hoje, aos 21 anos, faz poesia na França, eu me deixei chorar — ao ouvir sua história e ao ver a beleza do que ele escreve. Junto a ele, o escritor Mohamed Mbougar Sarr, do Senegal, vencedor do Prêmio Goncourt aos 31 anos, comentava com simplicidade sobre a vida dedicada à escrita. Foi tão bonito ver dois jovens africanos, negros, tão lúcidos, inteiros apenas em função de sua literatura, que esqueci do velho branco mal-humorado reclamando da minha entrevista.

Me lembrei dele agora ao escrever para você. Pensei: se eu ficar velha, quero ser uma velha capaz de sustentar os sonhos poéticos que eu tinha aos 15 anos.

Viver tem que fazer sentido.

Com amor (sobrevivendo a mais um domingo),
Marcia

Proscrição

Querido Jean,

Hoje, 6 de dezembro, escrevi nove teses sobre o exílio que partilho com você agora:
1. O exílio é um inferno especial. Nesse inferno, Sísifo transporta a pedra mais pesada. A solidão é essa pedra.
2. O exílio confunde o estado político de exceção com o estado existencial de exceção quando a gente já não existe.
3. No exílio, só os anti-heróis sobrevivem. Quem realmente éramos está morto.
4. O exílio exige uma fuga perfeita, mas não há refúgio ou esperança para nós.
5. Os exilados já eram estrangeiros em suas próprias casas.
6. O exílio é um estado de desterro para alguns no presente, um estado absoluto para todos no futuro.
7. O exílio é uma forma de proscrição. As vítimas implicam o desejo de proscrever.
8. Fugimos dos nossos caçadores. Fugimos daqueles que querem nos matar. O desafio do exílio consiste

em sobreviver ao estupor. O desafio é viver para além da paranoia. O desafio é suportar o *horror vacui* num mundo cada vez mais tecnológico e antidemocrático.
9. No exílio dizemos ironicamente: bem-vindo ao novo mundo dos cidadãos sem pátria.

Marcia

Barcelona, 7 de dezembro de 2021 (outono)

Marcia,

Suas sucintas porém profundas "nove teses sobre o exílio" me lembraram, de imediato (não pelo conteúdo, mas pela formulação), as *Seis propostas para um novo milênio* que o escritor italiano Italo Calvino formulou em 1985 para serem lidas nos Estados Unidos — cada uma delas com uma conferência —, mas que não chegou a concretizar porque faleceu em 19 de setembro, uma semana antes da apresentação. Creio que você já leu as propostas, né?

Suas noves teses me desafiam a escrever uma conferência sobre cada uma. Quem sabe eu não o faça um dia? (risos) Por ora, vou fazer breves considerações sobre algumas delas.

Comecemos pela primeira. O exílio pode ser um inferno ou um purgatório. Esses dois territórios imaginários e sobrenaturais concebidos a partir da tradição cristã, e popularizados em *A divina comédia*, de Dante Alighieri, não têm fronteiras muito claras porque é mesmo difícil traçar fronteiras verticais (no mundo em que vivemos, que talvez já seja o inferno, o máximo de fronteiras verticais que demarcamos são os andares dos prédios das grandes cidades, sendo os mais altos os mais nobres). Cai-se ao purgatório, e daí para o inferno é só mais uma queda se não expiarmos nossos "pecados" a tempo. Você sabe que eu me interesso muito por estudos de religião comparada e busco saber o que, em outras cosmologias, corresponde ao inferno cristão. Na mitologia grega ou greco-romana já havia um "submundo dos mortos", governado pelo deus Hades, que dava ordens a Tânatos, a Morte. Há controvérsias sobre o que levou Sísifo a ser condenado a rolar uma pedra pesada montanha acima e vê-la sempre rolar montanha abaixo pouco antes de chegar ao topo, refazendo este trabalho *ad infinitum*. Os deuses gregos eram caprichosos e amiúde injustos, demasiado humanos. Então, não vou dizer se Sísifo mereceu ou não tal castigo (nós não merecemos o exílio, muito menos ter de rolar a pedra da solidão!).

Vou me ater primeiro ao aspecto já observado por Albert Camus em seu memorável ensaio *O mito de Sísifo*, de 1941: imaginar Sísifo em seu alívio durante a descida da montanha, quando ele sabia que havia uma paisagem a ser observada e experimentava uma fugaz liberdade. Apesar de toda a dureza que é o exílio, quero me concentrar no que há de bom, ou no que posso encontrar de bom no exílio.

Depois, quero observar a astúcia de Sísifo, que tanto incomodava os deuses, e que o livrou do castigo, garantiu-lhe uma vida longeva e uma morte por causas naturais. Temos, portanto, alguma coisa importante a aprender com esse herói que confronta o absurdo da vida de modo muito mais determinante do que rolar a pedra da solidão, minha amiga. Vamos driblar e mudar os destinos absurdos. É o que de certa forma já fazemos.

Sendo assim, passo à terceira de suas teses: quem realmente éramos já está morto. Sim, o exílio pode ser — e foi e ainda é para muitos e muitas — uma morte política definitiva. E muita gente morre de fato no exílio. Contudo e contraditoriamente, o exílio é quase sempre a única saída para a vida de quem se exila ou é exilado; o único meio de continuarmos sendo quem realmente somos sem estarmos tão expostos a frequentes ameaças de morte e/ou a difamação por sermos o que somos.

Quem realmente éramos antes do exílio? O exílio mudou os rumos de minha vida e seguramente me transformou. Contudo, preservou um sentido de mim mesmo e uma capacidade de ação que já teriam sido destruídos completamente se eu tivesse decidido ser mártir do governo Bolsonaro. Pepe Mujica foi preciso quando olhou no fundo dos meus olhos e disse: "Os mártires não são heróis. Vá embora." Só os heróis e as heroínas sobrevivem, Marcia. Sísifo é um herói. O fato de ter sido astuto e ludibriado os deuses Zeus e Hades, e até mesmo a Morte, escapando do castigo e do "inferno", não faz dele um "anti-herói", mas o herói por excelência, pois o heroísmo está em se debater contra punições e destinos injustos e vencê-los, recusando a tragédia. Há muito de Sísifo em Lula, em mim e em você.

Sabe onde reside nossa astúcia, Marcia? No fato de filosofarmos, escrevermos e pintarmos, ou seja, em nossa capacidade de ficção.

Além disso, minha amiga, se levarmos em conta a afirmação do filósofo Heráclito de que um mesmo ser humano não se banha duas vezes num mesmo rio, podemos aceitar, sem muito sofrimento, que quem éramos ontem já esteja morto hoje. Somos novos a cada dia. Renascemos a cada dia. E, a cada renascimento, trazemos, da pessoa que morreu no dia anterior, um sentido de nós mesmos que não perece e que acaba por dar sentido às nossas vidas.

Veja, a sua ajuda entrou hoje na minha conta. Amanhã vou ao banco, porque a demora no trâmite de renovação do NIE fez com que minha conta fosse bloqueada. A justificativa ridícula de que esse bloqueio automático tem o objetivo de "evitar a circulação de dinheiro para financiar atividades terroristas" só me faz pensar em como o capitalismo neoliberal e financeiro é, antes de tudo, hipócrita. Até parece que os criminosos de verdade, todos muitos ricos, estão sujeitos a essa tecnocracia cujo objetivo de fato é espoliar trabalhadores imigrantes honestos como nós!

        Muito obrigado, minha amiga.
        Fique bem!
        Jean

P.S.: Por favor me diga se você souber de alguma residência, bolsa ou prêmio para artistas visuais que não exija deslocamento, mas só desenvolvimento do trabalho e exposição virtual ou presencial.

P.S. 2: Acho que você está enganada quando diz que os esquerdomachos idiotas (perdoe-me o pleonasmo) do Brasil não vão ler este livro. Sim, eles vão ler. E vão ler com atenção, seja para buscar elementos para nos atacar, seja para se apropriarem de nossas reflexões como se fossem deles — algo que muitos já fizeram (risos). A religião em torno de Lula me preocupa, e creio que preocupe a ele mesmo. Os idiotas que acham que não existe outro assunto para tratar nas esquerdas que não Lula precisam urgentemente reconhecer que ser inteligente é saber lutar com Lula, sem Lula e, em alguns episódios (como o de Belo Monte, por exemplo), contra Lula.

QUINTA PARTE

Canções do exílio

Altas doses de silêncio

Jean, meu amadíssimo amigo,

Percebeu como a tua carta mais recente me lançou no silêncio? Hoje já é dia 10 de dezembro e só agora consigo responder. Deixa eu só falar uma coisa antes de qualquer outra: eu amo o silêncio. Eu preciso de altas doses de silêncio. Não me refiro ao mutismo, que seria ausência da linguagem ou a sua morte. O silêncio é uma dimensão do espaço que favorece o contorno das coisas. O silêncio desenha. No silêncio eu consigo ouvir melhor.

E como a vida é um eterno desafio, estou sentada em um café onde pensei que teria paz para te responder quando começa a tocar uma música insuportável. Faz coisa de um mês, comecei a escrever um livro que é um diálogo com o meu pai. Eu nunca falava com o meu pai e agora estou falando por meio do texto. Escrevo para ele em cafés escolhidos ao acaso. No ritual criado em torno desse luto, eu me proibi de escrever em casa. A conversa com o meu pai não é doméstica. É conversa demorada e sem neurose. Tem que acontecer em mesa de bar. Não que ele fosse de bar, mas, se ele pudesse, tenho certeza de que seria frequentador assíduo de bares. Eu mesma não gosto muito de ir a bares, mas estou treinando para uma vida um pouco mais aberta. Não quero envelhecer na solidão. Se eu ficar velha, estarei sempre em comunidade, seja como professora, seja como companheira de festejos variados, mesmo os do simples pensamento que se compartilha escrevendo, ensinando ou aprendendo.

De qualquer modo, o silêncio tem sido uma energia que falta agora. Resolvo colocar fones de ouvido para me proteger do som. Em geral, coloco uma música que abafe a música do ambiente. O arquivo no qual escrevo para meu pai está aberto. Vou compartilhar a música entre lá e cá. Escolhi uma sequência do Arvo Pärt, a única coisa que não me incomoda atualmente. Pensando que o exílio tem esse dado de inferno que você tão belamente desenhou, posso garantir que no inferno tem muita música ruim. O silêncio é um passo na direção do paraíso. Para mim, a música boa está cheia de silêncios. O silêncio não é a não música, ou o vazio, o silêncio é apenas o oposto do barulho.

Eu gostaria de ter uma relação mais suave com a música, como você tem. Mas, para mim, escutar algo é sempre difícil. Pelo menos foi assim até agora. Obviamente, isso tem a ver com a Lulu. Desde que ela foi ficando surda, eu fui ficando cada vez mais analítica e crítica com tudo o que é do mundo da audição. Alguns dirão que fiquei ressentida. Não duvido. O desejo de que ela não tivesse passado por tantos sofrimentos em sua experiência auditiva é evidente e natural. O mundo ouvintista tem basicamente dois problemas fundadores a serem superados: a obrigação de ouvir, que é uma ideologia a ser desmontada e superada, e, de outro lado, a obrigação não apenas de ouvir, mas de ouvir qualquer coisa e de qualquer jeito. No ouvintismo considera-se que toda emissão de som é justa. E que tudo deve ser ouvido sem análise nem crítica porque se trata de direito à expressão. Eis um reducionismo perturbador que aniquila a necessidade da reflexão e do discernimento. Contudo, é um fato que a singularidade de Lulu me ensinou a perceber melhor tudo ao meu redor. Eu sempre tive um ouvido sensível, nunca ouvi tranquilamente, mas de fato houve um momento em que parei de ouvir música por causa dela.

Por ora, sentada neste café ouvindo uma música horrível, um pop francês muito desagradável, enfrento um problema prático. O meu fone de ouvido está funcionando apenas de um lado. Evidentemente, isso só está acontecendo porque o inferno se revela de muitos modos.

Mas volto à tua carta que me deu o bom silêncio nesses dias. A propósito, é encantador, talvez espantoso, que você tenha esses interesses teológicos e essa cultura bíblica.

Mas vamos ao nosso assunto. Estive hoje entre exilados curdos, turcos e também pesquisadores da Europa Oriental em um colóquio sobre a hospitalidade, um tema muito discutido na obra de Jacques Derrida. Uma professora, responsável pelo programa PAUSE, do qual eu faço parte, fez um comentário interessante: a grande maioria dos exilados nas universidades francesas vem de países em que o neoliberalismo se instaurou, não de países pobres. Ela completou que somos as vítimas do capitalismo que usa o Estado para perseguir pessoas. Lembrei de *Calibã e a bruxa*, de Silvia Federici, onde ela sustenta que a caça às bruxas que todos imputam a uma mentalidade medieval é, na verdade, um movimento de instauração do capitalismo que ocorre na passagem para a modernidade. O capitalismo é um projeto de opressão e apagamento de toda a diferença. O sistema interpreta a diferença como uma ameaça e a elimina. Seja a natureza, sejam as mulheres, sejam os povos africanos, sejam os corpos intersexuais, sejam os "indígenas" que habitam as "Américas", sejam os saberes diferenciados chamados a partir do advento do capitalismo de "bruxaria" e de "ciências ocultas". No capitalismo, os corpos sobrevivem somente enquanto são úteis.

Eu não me lembro de ter odiado alguém, Jean. Talvez a compaixão impeça o ódio. Talvez o esconda. Lembro da *Ilíada* de Homero, quando Aquiles é tomado de uma ira descomunal e mata Heitor e depois arrasta seu corpo amarrado ao carro. Essa ira de Aquiles, efeito de acúmulos e tão desnecessária, é o que mais se aproxima do ódio. Ela é a materialização do ódio, que é bem mais etéreo. Certamente, às vezes, sinto alguma raiva, às vezes sinto inveja, muitas vezes sinto medo, certamente muito mais que ódio. Estou aqui procurando o meu ódio e tentando ver se ele não está sendo gestado nessa pequena irritação com a música ruim. Agora, o meu fone de ouvido pifou de vez, a música do café onde me encontro está mais horrível do que nunca e sinto um incômodo que se torna cada vez mais intenso. Escrevo para você no meio disso, como se testasse a suportabilidade de que sou capaz. O incômodo é uma espécie de curto-circuito interno, no fundo tem a semente da ira. Estou tentando conhecer isso, me conectar com o meu processo afetivo, me auto-observando ao escrever para você para ver se encontro em mim a semente do ódio. O ódio está na raiz de todo desconforto consigo mesmo. O ódio não vem só do medo. Ele vem da falta de paz.

A indústria cultural destrói a paz dos sentidos e prepara o terreno para o ódio. A música ruim é parte do mal banal que sabe que é importante produzir a regressão da audição diariamente, deixando as pessoas bem insensíveis, a ponto de ouvir qualquer coisa e achar que é obrigação gostar do que se ouve, apenas porque está disponível para que se ouça. Terei pesadelos com o que estou escutando agora. Assim que terminar de escrever, sairei correndo daqui para evitar odiar a mim mesma.

Engin Sustam, um professor exilado curdo, insistiu sobre o caráter de resistência do exílio. Ele chegou a mencionar uma saída, algo como um país dos exilados onde pudéssemos recriar a nossa ausência de território. Além disso, ele falou do exílio não como uma escolha, mas como uma obrigação. Eu entendo bem isso quando penso nas ameaças sofridas por nós que poderiam produzir efeitos nefastos em outras pessoas. Como alvos centrais, tornamos as pessoas ao redor alvos concêntricos. Essa música atormentadora me traz essa sensação de alvo difuso. Eu tenho a obrigação de ir embora e a obrigação de não odiar.

Pelo menos eu ainda posso escrever uma carta para você.

No colóquio dessa sexta-feira, eu falei do exílio como uma evisceração. Meu país e toda a minha vida foram arrancados de mim. Foi isso o que nos aconteceu. Falei do limbo, de não estar nem aqui nem lá. De não falar nenhuma língua, nem a própria. De ter perdido o meu nome. Não lembro quem foi, mas há muito tempo alguém me disse algo assim, que ao sair do país natal perdemos o nosso nome, porque ninguém mais pronuncia nosso nome corretamente. Nosso nome se torna uma coisa indecisa e impronunciável.

O exílio nos rouba a nossa presença. Agora sou um corpo, mas não em estado de presença. Sou um corpo que erra. Um corpo que tem um teto, mas não tem um chão. E esse é um dos riscos do exílio, a errância eterna.

Mas há um lugar para ser e estar. Já era o meu lugar antes, quando eu era estrangeira em minha própria casa e inconscientemente conhecia o exílio, até nos romances que escrevi. Foi Adorno quem disse que, para quem vive no exílio, a escrita se torna a sua morada.

Com amor,
Marcia

P.S.: Não tenho coragem de pedir ao garçom que baixe o som, ele foi tão gentil me oferecendo uma tomada para o computador. Vou ter que ir embora deste café com a sensação de ter deixado essa carta pela metade.

Barcelona, 11 de dezembro de 2021 (outono)

Querida Marcia,

Seu silêncio não me causou estranheza, mas confesso que senti falta de receber uma carta sua esses dias. Pensei em escrever para lhe contar os mais recentes episódios de minha vida — que mais parecem imaginação de um roteirista que ama o inverossímil —, mas os episódios em si me tiraram o ânimo. Resumindo: quando estava a caminho da *cita* para renovar o NIE, perdi minha carteira (ou fui furtado) no metrô e, com ela, meu NIE antigo e meu cartão do banco. Já na Comisaría de Extranjería, descobri que eles não me entregarão um novo NIE porque, devido ao grande atraso por parte da instituição na resposta às demandas dos imigrantes, quando o novo documento chegar já estará caducado, ou seja, tenho que recomeçar imediatamente o processo...

A pedra rolou abaixo outra vez, e lá vou eu, como Sísifo, descer para empurrá-la montanha acima de novo... Mas, ao menos, posso admirar a paisagem na descida.

A convite da amada Julie Wark, fui a Tossa de Mar ver as obras de Marc Chagall que estão no pequeno museu da cidade, que fica na belíssima Costa Brava em que estivemos

— você, Francesc Badia, Imri e eu — no verão. Noêmia e Steffi também foram. Todos no pequeno Corsa de Steffi.

Marcia, não consigo lhe descrever a sensação de ver um Chagall ao vivo. Nem sei se você gosta das pinturas dele. Eu amo. Sinto uma identificação profunda com o que ele desenha e pinta. Talvez seja por causa daquilo que você chamou de "cultura bíblica". Sim, eu tenho uma forte herança judaico-cristã e me interesso pelos mistérios. Chagall pinta como ninguém esse repertório cultural.

Tenho um amigo germano-brasileiro judeu e músico, Jean Goldenbaum (não sei se já falei dele em cartas anteriores; talvez sim), que ama Chagall e vê muita influência dele em meus desenhos e pinturas. Eu fico lisonjeado — e até com vergonha — com um elogio desses. Mas a verdade é que descobri Chagall depois de adulto, quando já pintava e desenhava minhas coisas, meu mundo.

Esse meu amigo Jean (xará) faz uma música com silêncios. Sua maior influência é Debussy. Ele se apresenta para alemães sofisticados e com um repertório musical erudito. Sua música me chegou pela via da pura emoção. Em meu precário repertório de música erudita e/ou clássica, mas também da música moderna experimental, eu identifiquei, em uma de suas peças musicais, trechos da melodia da "Balada nº 1 em sol menor, op. 23", de Frédéric Chopin. Jean consentiu que, sim, havia algo de Chopin em sua composição...

Ouvir Goldenbaum tem sido um aprendizado prazeroso. Estou feliz de treinar meus ouvidos para captar e entender outros sons e arranjos, sobretudo, para apreciar a música em si mesma, desacompanhada de uma letra.

Sabe, Marcia, eu amo música brasileira, principalmente aquela conhecida como "MPB", que há tempos deixou de ser "popular" no sentido de "massificada", reduzida à condição de "mercadoria" e só. Para mim, esta MPB é uma das melhores músicas do mundo!

Ao contrário de você, eu não faço distinção entre "música boa" e "música ruim", nem faço hierarquia entre elas. Para mim, existe "a música que me diz algo" e a "música que não me diz nada". Como é sabido — e assim como você —, eu venho do Brasil profundo, alijado dos direitos humanos à educação e aos bens culturais. Nesse Brasil, para levarmos uma vida um pouco melhor que a dos burros de carga, para saciarmos a fome atávica de beleza e ficção que fundamenta a humanidade, consumimos os produtos da indústria cultural. É o que nos sobra. Cresci, portanto, ouvindo músicas nas AMs, FMs e nos programas vespertinos de televisão. Minha memória afetiva está povoada dessas músicas. Elas me constituem. Por exemplo, é impossível para mim rechaçar Roberto Carlos, uma vez que sua música é a trilha de vários episódios de minha infância. Da mesma forma que não posso separar Caetano Veloso de meu interesse por poesia. Sendo assim, meu critério para seguir escutando ou não determinada música ou artista é se ela/ele me diz algo ou não.

Os sons percussivos produzidos por Carlinhos Brown em suas canções aparentemente sem sentido e a axé music de Daniela Mercury, por exemplo, dizem-me muito: ao meu corpo e à minha memória ancestral africana. Música de terreiro e samba não estão nos grandes salões em que Jean Goldenbaum se apresenta, podem ser considerados um "ruído" por ouvidos sensíveis, mas, a mim, eles dizem muita coisa, e eu gosto muito. Traçando um paralelo, gosto tanto do cubismo de Picasso quanto das máscaras feitas por artesãos africanos, ambos me dizem algo.

Mas não quero dizer com isso que tudo tenha que ser escutado de maneira compulsória e que devamos abandonar nossos critérios de seleção no consumo cultural. Rechaço veementemente a maior parte — se não quase a totalidade — da atual música "popular" nas plataformas digitais. Não me diz absolutamente nada. Nem sequer me irrita caso a escute num café (risos). É óbvio que, nesses casos, eu prefiro o silêncio. E você tem razão: falta silêncio no mundo atualmente, e escuta não deve ser obrigação, mas desejo e aprendizado, como no meu caso com a música de Goldenbaum.

Neste exílio que vivemos, a MPB tem sido, para mim, ora gatilho de nostalgias doloridas, ora elixir de esperança, como disse em mensagem a Marisa Monte quando ela lançou seu mais recente disco.

Vou ficar por aqui, amada. Em outra carta, comentarei sobre nossa fantasia comum de desmontar o capitalismo, embora tema que nossa geração não conseguirá esse feito.

Te amo muito. Muito!
Jean

P.S.: O que você tem achado realmente desse meu trabalho sobre as matérias de jornais? Tem gostado?

Barcelona, 11 de dezembro de 2021 (outono)

Queridíssima,

Depois de lhe enviar a carta, me dei conta de que não mencionei o livro sobre o seu pai. Peço desculpas. Senti-me horrível por esse esquecimento. E daí estar escrevendo esta carta antes mesmo de você ter lido a anterior. Esse esquecimento, contudo, diz mais sobre mim mesmo e minha relação com meu pai já falecido. Isso é um sintoma, minha amiga. Talvez um dia eu tenha também que escrever um livro dedicado só a meu pai e ao papel da figura paterna na vida dos homens gays cisgênero, como fez o maravilhoso João Silvério Trevisan em seu *Pai, pai*.

    Adorei a ideia de você escrever o livro em cafés e bares aleatórios enquanto "conversa" com ele. Diferentemente de seu pai, o meu — "Zé Tudo-Certo", esse era o nome pelo qual ele era conhecido — adorava os bares. Vivia neles. Encontrava, nesta "igreja" dos boêmios e desajustados à ordem, refúgio e salvação das múltiplas pressões que pesavam sobre ele, do racismo à obrigação de ser pai. Como muitos homens pobres, em especial os negros, "Pai" (como eu o chamei até sua partida) não estava preparado para ser pai; e, por isso, foi um pai ruim. Escrevi um pouco sobre minha relação com ele em *O que será*, meu livro de 2019: do ódio e rejeição ao amor imenso que descobri dentro de mim quando ele morreu, em 2001. Contudo, acho que ele merece algo como o que você está fazendo com o seu pai, um acerto de contas definitivo que nos reconcilie completamente. Parabéns pela iniciativa, amiga, mesmo sabendo que essa é a única maneira que você tem de fazer o luto nesse exílio que a impediu de ir ao velório dele. O exílio já é em si mesmo um trabalho de luto — e se torna mais pesado quando a perda da Pátria se aprofunda na perda do Patriarca. Esse arquétipo tem um peso maior para nós que somos gays, lésbicas e mulheres heterossexuais ou transgênero feministas. Contra ele, nos debatemos. Contra nossa economia psíquica de amor e ódio. Temos a tarefa de refazer esse Homem dentro de nós.

É isso.

Mais amor para você.
Jean

Ao sair do país natal perdemos o nosso nome, porque ninguém mais pronuncia nosso nome corretamente. Nosso nome se torna uma coisa indecisa e impronunciável.

Marcia Tiburi

The universe shall conspire to love

Queridíssimo,

Vou começar pelo mais fácil: impossível não gostar de Chagall ou da música de Jean Goldenbaum, com quem troquei algumas mensagens no passado, mas de quem perdi o contato quando tive roubado o meu iPhone de comunista (no mundo fascistizado, você já pensou se recortam essa frase para fazer novas *fake news* contra mim?). Vou escrever esta carta ao som de uma música de Jean que encontro ao acaso no YouTube, "The Universe Shall Conspire to Love".

Os teus desenhos têm algo de Chagall, sim. As figuras flutuantes, a densidade pesada e leve ao mesmo tempo, o movimento de flutuação, os personagens e signos que remetem a algo de religioso. O uso do carvão e do pastel garante isso. Embora tenham muito mais a ver com violência e sofrimento, na maioria das vezes, tuas imagens se organizam em uma composição que remete aos espaços vazios e silenciosos como em Chagall. Toda arte, seja desenho, pintura, dança, cinema, literatura, não importa o quê, tem sempre a ver com parentescos e influências relacionados seja à forma, seja ao conteúdo das obras e artistas que nos tocaram em algum momento. Obras são entes com as quais experimentamos identificações. Somos feitos de imagens que vimos, assim como somos feitos de palavras que ouvimos, ou da ausência delas. As obras que realizamos falam do que nos toca. Ter consciência disso é importante na produção artística. Mas consciência não é tudo. É o inconsciente que nos traz as maiores alegrias artísticas.

Vou te dar um exemplo meu que pode ajudar a refletir sobre isso. Eu trabalho em muitas coisas ao mesmo tempo, e esse modo de proceder me ajuda a manter o nível de inconsciência necessário, seja na produção literária, seja na pictórica. Por exemplo, eu sempre gostei muito de Vermeer, o famoso pintor holandês, muito antes do filme *Moça com o brinco de pérola* torná-lo ainda mais célebre. A propósito, o quadro que dá nome ao filme está em Haia, na casa de Maurício de Nassau feita com madeira do Brasil. É feita da madeira abatida, manchada de sangue, tanto da própria floresta quanto das pessoas escravizadas que tiveram que cortá-las. A pintura está lá dentro dessa mansão, preservada no cenário de um monumento de barbárie, embora todos tratem aquela casa como um monumento da cultura holandesa. Falaremos mais sobre essa violência toda, mas agora eu queria só te contar que constantemente os narradores em meus romances têm uma relação com alguma obra do Vermeer. Ninguém presta muita atenção nesse meu assunto, mas ele me ajuda de algum modo a organizar o meu mundo interno. O que importa contar é que, para ver melhor o Vermeer, desenhei a grafite três de suas obras que são as minhas preferidas, das poucas que ele pintou (*A leiteira*, que está em

Amsterdã; *Mulher lendo uma carta na janela*, que está em Dresden; e *A rendeira*, que está em Paris). Se você recuperar seu NIE e tivermos dinheiro, podemos ir a todos esses museus e outros onde estão os poucos quadros pintados por ele. Eu vou adorar mostrar a você essas naturezas-mortas (inclusas as mulheres como naturezas-mortas...). Tem algumas que estão fora da Europa, mas são poucas. Mas, voltando ao assunto, há uns vinte anos, fiz uma releitura de *A rendeira*. Mando para você ver. Nessa releitura é como se a mulher, em vez de fazer uma renda, rendasse o próprio corpo. Há uns meses, na solidão do meu apartamento emprestado (uma frase assim fica meio dramática, mas a situação é dramática mesmo), do qual devo sair em fevereiro, levei uns três metros de pano do ateliê provisório e o preguei na parede (apesar da minha gratidão a toda essa solidariedade, a Junia e Gerard, donos do apartamento, e a Sandra Hegedus, que paga meu ateliê, estou cansada dessa situação de provisoriedade, que eles têm tentado amenizar). No pano branco, eu imediatamente comecei a desenhar a bordadeira, mas logo veio a necessidade de bordar a bordadeira. A obra que surge é a da bordadeira que borda a si mesma. Fiz algo que lembra o trabalho de Escher quando criou a imagem das mãos que desenham as mãos. Aliás, eu falo sobre isso no meu *Disjecta Membra* (aquele livro no pano branco em que eu coloco todos os órgãos de um corpo).

A minha mãe trazia da mãe dela, que por sua vez trazia da própria mãe, uma frase que costumava nos dizer quando costurava uma roupa sobre o nosso corpo: "Te costuro viva, não te costuro morta." Eu achava isso bizarro, e lembro que uma vez, aprendendo a costurar, fazendo um molde no corpo da minha irmã, fui ensinada a falar isso. Foi muito marcante o momento em que me apropriei da frase, porque até então era a minha mãe que falava. Naquele momento, a frase transmutava a costura num mecanismo feminino de autoconstrução. A roupa era como algo que atava a vida. Desde cedo, eu aprendi a me autoconstruir. Isso me faz lembrar que os primeiros dinheiros que eu recebi na vida vieram de uns desenhos de roupas que fiz quando era adolescente. Nós, que sobrevivemos à pobreza e à violência do mundo, somos gente que aprendeu a se autocosturar. Aprendemos a juntar os nossos próprios pedaços. Isso é algo muito próprio do mundo feminino, expressão em relação à qual tenho muitas reservas; não a uso de modo essencialista, mas histórico, a saber, como um nome possível para o mundo em segundo plano, esse mundo despedaçado pelo patriarcado. Você tem diversos nexos com esse mundo, Jean.

Falo tudo isso para dizer que, assim como estamos sempre escrevendo a mesma coisa (Borges falou que escrevemos sempre a *Ilíada*, a *Odisseia* ou os evangelhos), estamos sempre desenhando, pintando e bordando a mesma coisa. Assim, o teu nexo com Chagall, o meu com Vermeer.

Esta carta está ficando muito longa. Eu ainda queria fazer uma ressalva necessária, relativa ao verbo gostar, mas vou deixar para outras páginas com mais tempo. Só quero antecipar que, embora gostar seja um verbo muito utilizado para questões artísticas, ele não me parece um verbo válido e, nesse sentido, bom. De fato, é impossível falar de arte e não julgar. Lembremos da *Crítica da faculdade de julgar*, de

Kant, que é todo um texto sobre estética. Mas tenho preferido não usar muito esse verbo. Quando as pessoas me perguntam se gosto de morar em Paris, por exemplo, sempre digo que não se trata de gostar, que suspendi o gosto desde que saí do Brasil. Vou aonde tenho como me sustentar financeiramente. Para minha sorte, Paris, e a França de modo geral, tem sido muito generosa comigo, e posso pagar as minhas contas e as da minha filha com meu salário de professora (também provisório). Mas precisei suspender certas exigências e demandas afetivas internas e externas para dar conta do que estou vivendo, e, por isso, o verbo "gostar" desapareceu do meu vocabulário.

Resta o amor, que, como sentimento em relação ao mundo, está cada vez mais denso e essencial para mim.

Um abraço apertado com amor imenso,
Marcia

P.S.: Eu vou falar melhor do meu pai e do seu pai assim que eu conseguir. Hoje é a última aula do semestre e tenho que terminar de prepará-la. Hoje tem também o júri do Prêmio Marielle Franco e tenho que fechar a minha decisão. Tenho também uma *live* com uma escola pública de ensino fundamental. Os nãos que aprendi a dizer não incluem professores e estudantes de ensino fundamental e médio.

Cansar da queixa

Querido,

Hoje é dia 15 de dezembro e eu estou driblando as angústias de fim de ano. Acabo de apagar um parágrafo que havia escrito falando de problemas, afinal, depois de enviadas, essas cartas são para sempre, e eu ando me cansando da minha queixa. Em vez de uma lista, estou preferindo resumir: vou vivendo a vida com planos a curto prazo, resolvendo o que posso e deixando para lá o que não posso resolver.

Ontem, passei o dia especialmente angustiada. Me curei no ateliê onde faço as minhas descobertas pictóricas. Essa é a minha alegria real comigo mesma nesses últimos tempos. Imagino que o teu desenho também seja para você. Hoje, visitando o Pompidou, imaginei aquelas salas com as nossas obras. Visualizei uma parede toda com as tuas pinturas em jornais. Aliás, esse processo está bem bacana, Jean. Siga em frente, é um caminho que tem tudo a ver com você. Até porque você é jornalista e os jornais estão desaparecendo, e tua ação artística agora tem um trabalho de memória, de intervenção, de crítica, de contraste entre o que pode ser dito e o que não pode ser dito.

Passei um dia tão interessante entre obras de arte e gente exilada. Ando lembrando muito da minha vida no Brasil, onde eu vivia com gente de todo tipo viajando para falar de livros e de filosofia. Eu me sentia numa cruzada pelo pensamento livre e achava maravilhoso que houvesse tanta gente que acompanhasse essa busca pela prática viva da filosofia, que nada mais é do que o diálogo real, diário e vivo. Tive saudade da campanha eleitoral, obviamente não pela burocracia, nem pela disputa, nem por todas as desgraças e misérias da vida política, mas porque eu adorava o povo. Nesse sentido, eu entendo o Lula. Ele abraça todo mundo. Eu também gosto de abraçar todo mundo. Gosto muito de gente simples, porque eu sou simples, e ser uma pessoa simples é uma coisa muito complexa. Até porque, para além da simplicidade, o que há é a cafonice das classes consumidoras. Passada a pandemia, tem sido muito bom poder pelo menos ver gente, e até abraçar gente.

Mas vamos lá, que a vida não é só esperança, ao contrário, a esperança é uma conquista. Tenho notícias do buraco cósmico da miséria acadêmica. Veja se é possível o que aconteceu: alguém recortou um post do meu Twitter e levou para o Facebook. Uma professora ficou rindo de mim pelas costas. Ela falou que um dos filhos do Bolsonaro, o que tem fama de ter problemas cognitivos, devia ter hackeado o meu Twitter. Era uma mensagem que escrevi para elogiar Lula ao vê-lo junto de jovens do Sul. Eu comentava que era maravilhoso ver Lula unindo Abya Yala. Muitas pessoas vieram me falar sobre a postagem dessa pessoa. Imaginei que o problema fosse com Abya Yala. Então fiz um tuíte para explicar que sou professora de filosofia numa universidade de Paris onde Foucault e Deleuze deram aula, que leciono filosofia latino-americana, que Abya Yala é o nome que os povos andinos vêm usando para falar da América, já que não se sentem representados por Américo Vespúcio. Aliás, sentir-se representado nessa história é algo que nem eu e muito provavelmente nem você alcançamos. Conto essa coisa horrível, que talvez eu apague das redes se ficar muito deprimente, porque pensei: será que a professora imagina que Bolsonaro e sua rede vivem espalhando *fake news* contra mim? No mesmo dia, esse filho do Bozo ao qual ela me compara estava espalhando *fake news* contra mim. Fiquei triste de ver uma mulher que talvez não seja de esquerda nem feminista fazendo isso. Ela poderia pelo menos não colaborar com a indústria da desinformação que faz mal a todos nós. Depois colegas homens da filosofia fizeram o mesmo. Um deles falava que me imaginava dando aula para ETs. Tem ódio misógino nisso tudo.

Hoje foi um dia em que passei falando e ouvindo de solidariedade com gente estrangeira e também tive reunião com as minhas parceiras de empreitadas feministas no Brasil, ou seja, estive o dia todo encontrando gente que sabe que a solidariedade é uma energia democrática e democratizante. Como é possível que haja professores que, com tanta coisa para fazer, como a urgente derrubada do fascismo, vêm gastar sua energia com maldades para comigo? Jean, eu me pergunto a toda hora que importância tenho eu para ser tão atacada, e não encontro resposta. Só continuo achando que me usam para atrapalhar a esquerda, mas de vez em quando vai além disso. Sou a professora de filosofia que aparece. E como não faço filosofia ornamental, sendo mulher, e sendo livre, sei que irrito os misóginos. Não vejo outro motivo. Eles podem alegar que me acham imbecil. Eu também posso dizer que são apenas imbecis, mas infelizmente esse tipo de constatação não vai melhorar o nível da educação e da filosofia no nosso país.

Lembrei da solução de Louise Bourgeois. Em seu *Destruição do pai, reconstrução do pai*, ela disse que pagava todas as dívidas e culpas com obras de arte. Uma obra de arte é uma maneira sã de responder à maldade do mundo.

Sigamos no trabalho,
Marcia

Barcelona, 17 de dezembro de 2021 (outono)

Amada Marcia,

Perdoe-me se estou excessivo no envio das cartas. Talvez você ainda nem tenha tido tempo de ler as anteriores e eu já estou te enviando outra... Talvez você pense — e não me diga (risos) — que, com essas tantas cartas, estou desvirtuando o nosso tema principal, que é refletir sobre o exílio a partir de nosso exílio. Talvez pense que me perco demasiado em outros assuntos e que a sobrecarrego com banalidades e considerações que estão longe da reflexão mais filosófica. Tenho quase certeza de que você não pensa nada disso, mas há a possibilidade (risos); daí eu lhe explicar que penso melhor sobre a experiência do exílio a partir das situações concretas em que este me coloca, para o bem ou para o mal...

Se na carta anterior eu me dediquei ao bem, nesta eu retorno ao mal.

Eu simplesmente gastei cinco horas do meu dia de hoje pelejando com o banco ING. Embora eu esteja absolutamente legal — ou seja, com o resguardo da Comisaría de Extranjería de que meu NIE (todavia VÁLIDO e OPERATIVO) está em fase de renovação — e tenha já entregue toda a documentação que comprova que eu sou eu, não consigo ter acesso ao dinheiro da minha conta...

Veja, eu só não estou PASSANDO FOME e SEDE porque Noêmia está aqui me ajudando. Se eu não tivesse ninguém aqui comigo e/ou não tivesse vencido minha enorme dificuldade de pedir ajuda a amigos, estaria literalmente passando fome, porque o banco me impede de ter acesso ao meu dinheiro sob "argumentos" que não passam de assédio e humilhação ao cliente, para além do fato comprovável de que são ilegais.

Depois de provar para o atendente que eu estava com a razão e com a lei em relação ao NIE, segui sem conseguir reabilitar meu cartão de débito. Liguei uma vez mais para saber o que estava acontecendo agora. E então o atendente me disse que eu precisava provar que era bolsista da Open Society Foundations... Veja, eu abri essa conta por causa da bolsa da OSF, ou seja, isso só foi possível porque apresentei toda a documentação à época. Como pode, agora, o banco me pedir tal informação de novo para me deixar ter acesso à minha conta, ao meu dinheiro?

Marcia, senti um misto de humilhação e raiva profunda. A explicação do atendente é a de que "as exigências do banco buscam evitar a lavagem de dinheiro e o terrorismo", como se o sistema financeiro não fosse em si mesmo uma grande lavanderia de dinheiro com origem suja; como se os empresários e criminosos que lavam seu dinheiro sujo no sistema financeiro movimentassem o valor que eu tenho em conta — um salário mínimo europeu — e se dispusessem a ficar cinco horas no telefone dando explicações e apresentando documentos sobre si mesmos; como se o terrorismo e o crime organizado não seguissem movimentando suas cifras obscenas a despeito dessas regras bancárias que, na verdade, não passam de um sistema de acosso e exploração de trabalhadores, seja por meio da aplicação de juros escorchantes, seja na retenção de suas economias para a aplicação no grande cassino que é o mercado financeiro. A ingenuidade ou desfaçatez com que esses atendentes e gerentes de banco participam desse teatro dos vampiros me assusta tanto quanto me irrita. E sabemos que os trabalhadores imigrantes ou exilados como nós somos os mais explorados por esse teatro de legalidade, dada a fragilidade de nosso status migratório.

Após cinco exaustivas horas no telefone — e sem qualquer sucesso —, só consegui pensar naquela frase atribuída ao dramaturgo Bertolt Brecht: "Roubar um banco é um delito, mas criar um é um delito ainda maior." Pensei também num vídeo do Eduardo Moreira (que adoro!) no qual ele mostra o comprovante de um empréstimo de cem reais feito pelo banco a um rapaz trabalhador e onde se vê a taxa de juros aplicada pelo banco: 969,18% ao ano. É escandaloso, Marcia. Em cinco anos, esse pobre trabalhador deverá ao banco quase 14 milhões de reais! O mercado financeiro é um parasita. E esse parasita encontra na classe trabalhadora e na classe média — principalmente em países como os do Sul global — seu hospedeiro ideal. Além de nos espoliar e humilhar da maneira como o ING está fazendo comigo neste momento (mesmo eu sendo uma pessoa relativamente conhecida no exterior, algo que qualquer pesquisa no Google pode confirmar), o mercado financeiro conta com a impunidade e compensações que os ricos souberam construir para si mesmos ao longo da história.

Marcia, creio que esse episódio seja a oportunidade para você me explicar seu pensamento sobre "a lógica do assalto", tão deturpado pela organização criminosa especializada em mentira e desinformação chamada MBL. Pois seu pensamento dialoga com a máxima de Brecht. Afinal, um assalto a banco pode ser não um delito, mas uma expropriação, né?

Enquanto você pensa se escreve sobre isso ou não, entro rapidamente num outro tema, mais pessoal, porém comum a nós dois que somos pessoas públicas: o tema da confiança nas pessoas em relação a nossa intimidade. Hoje briguei feio com uma amiga que tentava me convencer, sem ter argumentos, de que "o PT não abrigava as pautas identitárias desde sua origem". Ela queria vencer por vencer uma discussão em que estava totalmente equivocada, e colocou sua experiência pessoal com o partido acima da história amparada em fatos e documentos. Além de tudo isso, soltou uma infâmia sobre Lula. Fiquei paralisado por instantes antes de encerrar a discussão e lhe dizer que jamais voltaria a conversar com ela sobre o assunto. Senti-me traído por antecipação quando me dei conta de que essa pessoa só disse o que disse porque se sentia autorizada por sua suposta intimidade com o presidente no passado. Imagino que, no futuro, ela vai maldizer sobre mim amparada no fato de que hoje é minha amiga. E não importará se será verdade ou não. Ela dirá o que quiser sob o argumento de que "convivi com ele de perto", como o fez quando disse algo de

Lula apenas para não admitir que eu estava com a razão no que diz respeito à história do PT com as minorias. Essa amiga tentava dar o crédito de "partido aberto às minorias" ao Psol, o que só se tornou verdade depois que eu me elegi e por causa de minha atuação. Preocupei-me com o tema da confiança nessas pessoas que convivem conosco e que podem, por rancor e ressentimento, usar essa convivência para tirar proveito ou se conferir autoridade em debates nos quais somos alheios.

É tudo tão difícil às vezes, minha amiga. Os amigos e amigas também são humanos e, portanto, suscetíveis à vaidade e ao narcisismo que podem colocar em risco a própria amizade. Como pessoas públicas e exiladas, devemos pensar bem no que falamos, e para quem devemos abrir nossa intimidade.

Desculpe-me a carta longa.

Te amo,
Jean

Ser defendida

Queridíssimo,

Hoje é 20 de dezembro, Lulu está aqui, e a presença dela altera o cinza dos dias. Paris é sempre cinza e tem invernos chuvosos. Eu amo dias cinza e chuvosos, mas, quando são muitos, sinto falta de luz e me torno uma planta murcha.

Lulu decidiu passar o Natal comigo, o que me deixou muito feliz, embora o Natal não seja a minha festa. Eu gosto de festa de São João. E gostei muito das poucas vezes que estive em cerimônias do candomblé. Nunca vi festas mais lindas e que me comovessem tanto. Estou cada vez mais próxima dos orixás, e isso tem me dado muita alegria também.

Esta semana fiquei contente em ver minhas colegas professoras de filosofia me defendendo de professores "de esquerda" e misóginos que me atacaram em surto histérico ainda em função do tuíte sobre Abya Yala. A histeria masculina é algo a ser analisado, até porque, embora tenha um lado alucinado e demencial, é uma tecnologia política. O macho limítrofe se manifesta bancando o agressor, violador, ameaçador. É um tipo de surto e é, ao mesmo tempo, algo a serviço da máfia patriarcal. Muitos homens se sentem ameaçados porque mulheres, lésbicas e gays, sejam cis ou trans, aparecem (e aparecer é, como diria a Arendt, um direito, mas é também objeto da inveja dos narcisistas que desejariam ocupar o lugar do que aparece, lembremos de Santo Agostinho contando que sentia inveja ao ver seu irmão mais novo pregado aos seios de sua mãe). O macho ansioso que escreveu falando que podia me imaginar dando aula para ETs me pareceu meio pornográfico. Me deu um certo nojo de um homem que me "imagina". Contudo, isso me dá ainda mais vontade de derrubar o patriarcado, como é preciso fazer com o fascismo e com o capitalismo como um todo.

Uma questão me atingiu nisso tudo. Eu nunca gostei de ser defendida. Nunca. Mas quando a Carla Damião, professora de filosofia e minha amiga, que assinou a nota de apoio da ANPOF (Associação Nacional de Pós-Graduação em Filosofia), me disse em mensagem privada: "Você precisa ser defendida", eu entendi meus próprios limites. Mas vi também a solidariedade que, existindo, mostra tanto do que falta ao mundo, Jean. Falta no mundo acadêmico e falta em muitos outros ambientes, inclusive e infelizmente nos partidos e na esquerda em geral. Recebi o apoio de homens que também se manifestaram publicamente. Foi comovente porque foi espontâneo que as pessoas tenham enfrentado a misoginia que, infelizmente, une esquerda e direita.

No dia 18 de dezembro, completaram-se três anos da minha saída do Brasil. Não tive forças para escrever para você. Estava bastante comovida e avaliando os acontecimentos. Não sou de ficar remoendo o passado, mas acho que estou precisando fazer isso. Passei o dia sozinha, mas fiz uma *live* no Instagram para deixar registrada a efeméride. Eu tinha que falar também do vídeo da "lógica do assalto" que é, até hoje, a principal fonte de desinformação e guerra psíquica contra mim.

Além disso, confesso que ainda tenho muita dificuldade com tudo o que se passou. Demorei para entender que eu vivo um exílio. Você consegue precisar em que momento você percebeu que estava exilado?

Entendi que o exílio chegou porque não pudemos voltar. Não escolhemos não voltar. Simplesmente não era possível. Vejo com clareza que não houve e não há outro jeito. Foi um destino. E destino é um nome que se pode dar a tudo aquilo que não pode ser diferente, tudo o que não se escolhe. Tudo o que acaba sendo. O destino não é um futuro. É a constatação de que assim é e não pode ser de outro modo.

E junto a isso, é o tema da escolha que surge. E ele contém um abismo cheio de enigmas espinhosos: o que escolhemos? Quando escolhemos? Se e quando escolhemos...

Quero falar outra coisa antes de terminar. Ontem fui ver a exposição *Para Paul Celan*, de Anselm Kiefer, o pintor que eu mais amo na vida, mais que o Vermeer, eu acho.

Jean, só de escrever sobre isso, as lágrimas me vêm. É difícil explicar o nível de impacto desse trabalho sobre mim. Não há palavras para descrever. Chorei muito vendo as pinturas que estão expostas em um grande pavilhão do Grand Palais. Kiefer chama as suas pinturas de livros. Algumas chegam a ter mais de dez metros de altura. Ele escreveu nelas muitos trechos das poesias de Celan. E, a meu ver, acabou por pintar o que não pode ser representado e, mesmo assim, pede, implora, representação. Cada pintura de Kiefer é um intenso trabalho de memória. E, ao mesmo tempo, o trabalho do que não cabe na linguagem e que só podemos conhecer através dessa linguagem. Um dado importante sobre o Kiefer é que ele morou no mesmo convento Sainte--Marie de la Tourette onde viveu frei Tito de Alencar até seu suicídio, em agosto de 1974.

Vou voltar a eles. Por enquanto, queria apenas falar um pouco de Paul Celan, o grande poeta de língua alemã do pós--guerra. Um judeu que passou por um campo de concentração, de onde foi salvo pelo Exército Vermelho. Seu pai já havia morrido em outro campo, onde a mãe foi assassinada com um tiro na nuca. Celan se exilou em Paris, onde foi tradutor. Passou por várias internações em hospitais psiquiátricos, até que se atirou no Sena no final de abril de 1970, na altura da ponte Mirabeau, bem aqui perto de onde moro.

Paul Celan ficou conhecido como poeta e testemunha do Holocausto. Ele escreveu: *Niemand zeugt für den Zeugen*. Muito literalmente: "Ninguém testemunha pelas testemunhas", que eu traduziria de um modo mais selvagem: "Só quem viveu sabe."

Ele escreveu também que "A morte é um mestre da Alemanha". Eu adaptaria esse verso do seu poema "Fuga da morte" para o nosso país hoje: "A morte é um mestre do Brasil."

A morte é um acontecimento da vida, mas seus perpetradores não.

Por isso, te pergunto, Jean: por que as pessoas banalizam o fascismo? Por que, apesar de tudo o que ele produziu e continua a produzir de ruim, as pessoas agem como se nada estivesse acontecendo?

Te abraço esperando que a lembrança da tua família neste final de ano não te deixe tão triste. Afinal, para você também já são três anos, e isso é tempo demais.

Marcia

SEXTA PARTE

Feliz Ano-Novo

Barcelona, 26 de dezembro de 2021 (inverno)

Marcia, minha querida,

Sua carta me empurrou para a reflexão silenciosa às vésperas do Natal. Quase sempre consigo responder de imediato. Desta vez, porém, as questões que você me colocou — principalmente as finais, formuladas como perguntas — exigiram-me mais reflexão.

Antes de comentar sobre elas, conto-lhe que passei o Natal em Sitges, a convite da amada Julie Wark, que também chamou a filha Bianca e as netas Noah e Jana. Sitges é a "capital gay" da Catalunha no verão. No inverno, a cidade é dos habitantes locais, fria e triste. Ainda assim, para mim, foi ótimo estar com elas, ser um homem gay e ver mulheres de três gerações de uma mesma família desenvolvendo seus conflitos, sempre pendendo para uma compreensão e uma solidariedade entre si. Veio-me a vontade de escrever uma peça de teatro à la Federico García Lorca, cujo título seria *Elas por ele*. Quem sabe eu não me descubro como dramaturgo? Bianca, a filha de Julie, lembrou-me você em muitos aspectos, inclusive no jeito elegante de se vestir e no gosto pelo preto. Por favor, não me ache pornográfico nem tenha nojo de mim, mas eu a imagino. Eu a imagino trabalhando comigo na reconstrução do Brasil após a derrota do fascismo, em alguma das secretarias dos ministérios da Cultura, Educação, Comunicação ou Direitos Humanos. Eu a imagino dando aulas comigo em uma caravana Brasil adentro, e construindo artes com talentos escondidos no país profundo e esquecido após o golpe de 2016. Eu a imagino, minha amiga. E lhe conto isso para que você se dê conta de que há imaginação muito melhor sobre você do que aquela que parte de invejosos, infortunados e infelizes que não conheceram o amor.

Sim, você precisa ser defendida! As hienas precisam saber que você tem um grupo, que não anda só. Muito bom a ANPOF ter feito uma nota em sua defesa, contra a ignorância motivada e a misoginia desses "professores de esquerda". Sim, misoginia, pois tenho certeza de que esses idiotas não imaginariam o brilhante jurista Eugenio Raúl Zaffaroni dando aulas para ETs por ter escrito um livro sobre La Pachamama.

Sabe, Marcia, essa polêmica não chegou a mim. Não entrou no meu radar, ou, melhor dizendo, não furou a bolha que os algoritmos criaram para me aprisionar nas redes sociais. Mas conheço de perto o tipo de gente que a atacou por citar Abya Yala; e sei onde essa pessoa está, em que associações e partidos se abriga. Sei bem como essa pessoa pode ser ferina quando alguém lhe tira o conforto de sua ignorância ou identidade. Você, Rubens Casara e o falecido jornalista Paulo Nogueira foram os únicos a me defender publicamente, com todos os riscos que isso implicava, quando visitei Israel para ministrar, na Universidade Hebraica de Jerusalém, uma palestra sobre as relações entre homofobia e antissemitismo, e conhecer, de perto, os esforços de palestinos e israelenses que se posicionam contra o colonialismo de Israel em terras palestinas e a favor da solução dos dois Estados. Lula fez esse mesmo programa, mas, claro, a esquerda brasileira não o linchou, pelo simples fato de que Lula é heterossexual. No meu caso, a visita a Israel e a "causa palestina" serviram de desculpas para a expressão de uma homofobia até então represada. A verdade é que esses dirigentes e militantes homens heterossexuais e cisgênero dos partidos e movimentos sociais de esquerda, independentemente da cor da pele, apenas "toleram" a presença de lideranças feministas e LGBT. Sempre que podem, nos sabotam, mesmo que sejamos amigáveis e solidários com eles. Não foram poucos os homens (e até mulheres) militantes e dirigentes de esquerda que questionaram meu exílio antes de o governo Bolsonaro dar início ao genocídio e à destruição do país, se valendo da máquina governamental e de sua base parlamentar. A esquerda gosta de se pensar como moralmente superior, mas a verdade é que há na esquerda muita gente imoral, que em nada difere dos extremistas de direita.

Talvez esteja aí uma das pistas para se entender o triunfo do fascismo no Brasil — questão que você me trouxe explicitamente: a desinformação, a mentira, a inveja e o ressentimento vigoram mesmo onde não deveriam prosperar.

Aliás, *Marighella* — tanto o livro escrito por Mário Magalhães quanto o filme de Wagner Moura — aborda essa contradição da esquerda ou das esquerdas. Há identificações — como a dos homens hétero ou as dos brancos entre si — que superam as identificações fornecidas pelo partido ou pela pátria. E somos nós que, quando nos organizamos para nos defender, somos acusados de "identitários".

Mas, para lembrar mais uma vez a frase memorável de Torquato Neto: "Só quero saber do que pode dar certo, não tenho tempo a perder." Por isso, encerro esta carta lhe afirmando que sempre vi identificação entre suas pinturas e as de Anselm Kiefer. Se um dia eu fosse pintor, queria ser como vocês dois, sobretudo no domínio da técnica e na ousadia da expressão monumental. Eu gosto demais!

Minha miúda produção em artes plásticas, como as flores baldias do caminho que jamais estarão em jarros de sala de estar ou saguões de hotel, apenas aspira a deixar um pouco de beleza e perfume onde viceja a podridão humana.

Tenho tido algum êxito (risos): vendi oito dos meus desenhos sobre jornais! E já há convite para uma exposição aqui em Barcelona. Oxalá dê certo.

Bom, minha amiga, fico por aqui. Antes que este ano termine, eu lhe escreverei de novo.

Jean

Síndrome pré-natalina

Queridíssimo Jean,

Tua carta é um bálsamo nesses dias cinzentos.

Estou saindo com muito esforço da depressão pré-natalina. Em geral, mesmo quando estou triste, a minha resposta para a vida é ação. Se estou cansada para trabalho mental, eu faço comida (menos hoje, por conta da minha falta de fogão). Na época do Natal, sempre entro numa espécie de síndrome pré-natalina. Tenho isso desde que me conheço por gente, mas piorou nesse período distante do Brasil. Os dias cinzentos e chuvosos não ajudam. E chove demais há dias.

Na tristeza depressiva dessa época, sou incapaz de cozinhar. Hoje, comi um pão com tomate e queijo. Tinha umas vagens que ficariam velhas e coloquei para cozinhar. Elas ficaram horrorosas de tão secas.

Na noite de Natal, eu e Lulu fomos ao circo. Eu pensei no circo porque, a meu ver, combina com o Natal. Quero dizer, o circo me soa como algo natalino. Talvez seja porque as pessoas são transformadas em brinquedos. É como se o circo fosse algo sincero em um dia insincero. A falta de sinceridade do Natal deve estar no consumismo que se exacerba. Não sei bem. Talvez seja só o meu ressentimento. Na minha casa de origem, não havia Natal porque éramos pobres. Todo mundo ia dormir cedo sem nada de especial naquela noite que parecia especial para todo mundo. Mas parecia uma coisa de televisão, mais do que de vida real. Talvez por isso, para mim, para além do consumismo, fazer festa de Natal soe como algo falso. Eu não tenho nenhuma relação com essa festa. Mas fomos ao circo para fazer algo extraordinário. Lulu gostou porque está estudando a história do circo. Como sempre, morri de medo de que os equilibristas caíssem. Voltamos para casa e Lulu fez um macarrão simples e delicioso, e assim foi a nossa ceia.

Nesses dias de tristeza, sei que estou vivendo a vida como se carregasse um peso. O ressentimento é isso. Como dizia Nietzsche, o ressentido vive a vida como um caminho errado. O ressentimento é, segundo ele, o peso mais pesado. Tenho comigo um sentimento, há muito tempo, de que a vida precisa ser sempre, a cada segundo, completamente especial. Do contrário, eu me canso de viver. Acho que é por isso que escrevo, porque se não escrevo perco a sensação de que viver possa fazer sentido e ser algo, pelo menos, um pouco especial.

Ontem, escrevi no Twitter uma frase com um erro de digitação e fui atacada o dia todo por hordas de bolsonaristas. Na verdade, foi um erro de edição. Ao escrever, não percebi que coloquei um "mais" onde deveria estar somente um "melhor". Não vi, e, quando vi, já no meio dos ataques, tive que parar para ler, tirar os óculos (eu sou míope e, de perto, vejo melhor sem óculos) e reler até perceber o erro, pois demorei a entender o que estava acontecendo naquela frase. Constatei o erro e deixei para lá, não me parecia grave, afinal todo mundo entenderia. Mas era grave. Gastei o dia sendo testemunha de uma histeria coletiva em torno de mim. Foi inevitável e desagradável. Homens e mulheres vinham como insetos irritadíssimos. Era uma bobagem que em tempos democráticos não teria nenhuma consequência, mas que passou a valer como fator de violência. O prazer em atacar era o do regozijo que as crianças têm na fase anal com todos os tipos de escatologias. Na verdade, a turba fascista se comporta como num *bullying*. Vou partilhar com você o que eu escrevi para as redes:

1 — Ao escrever um post no Twitter, não percebi que havia escrito juntas as palavras "mais" e "melhor". Alguém recortou o Twitter e enviou para redes mais movimentadas, tais como Instagram, WhatsApp e Facebook. Passei a receber inúmeras mensagens em privado e também comentários em aberto cujo conteúdo variava de uma simples chacota até ameaças de morte, passando por todo tipo de xingamento.

2 — Estamos diante de um quadro de *bullying*, um tipo de humilhação com caráter de intimidação psíquica e assédio moral. O *bullying* é comum nas escolas, mas funciona também nas redes. No caso, é a minha condição de escritora e professora que é evocada, por aqueles que sabem da minha profissão. Muitos não sabem, mas entram na histeria pré-programada. A maioria dos ataques provém de homens e mulheres, de diversas idades, de profissões que vão de médicos a contadores, de esteticistas a engenheiros. Não havia

pessoas de ciências humanas. A grande maioria não era seguidora do meu perfil no Instagram.

3 — Nos perfis que pude ver, ostentavam-se bandeiras do Brasil e a preferência pela direita e pela extrema direita política. Havia muitos perfis com manifestações de amor à família, a Deus e à Pátria e ódio a Paulo Freire. Não recebi ataques de escritores ou de professores em geral. Não porque estes sejam capazes de entender o que os *haters* pareciam não entender, mas porque o que está em jogo nessa "crítica" ou "queixa" em massa contra a tal postagem é bem mais do que um erro de língua portuguesa. A isca era o erro, mas o objetivo era o barulho nas redes.

4 — Evidentemente a aparente "chacota" é na verdade parte da guerra cultural em voga. Daí o seu tom de *bullying* e assédio moral e psíquico. Trata-se de uma arma de humilhação e achincalhamento público que tem efeitos concretos nas redes sociais, desde produzir engajamento até destruir a minha imagem. A infantilidade dos comentários não é ingênua ou desprovida de objetivos.

5 — Devemos olhar para isso com atenção, pois agora já se ensaia o que vai acontecer na política em 2022. Na política e, portanto, na sociedade que a gera e que dela depende para existir. Imagino o que poderia acontecer se eu fosse concorrer a algum cargo.

6 — A extrema direita tomou de sequestro a minha imagem como arma na sua guerra contra a democracia. É a guerra da incultura e da incivilidade contra a cultura. É a guerra diária promovida por fascistas, algo que venho denunciado há anos em artigos e livros.

7 — A aparente histeria é organizada e orquestrada como todos os produtos das campanhas de difamação. No meu caso, uma campanha que está em voga desde 2018 e que me levou a sair do Brasil. Claro que muitos se engajam como simples otários, pelo prazer do *bullying*, mas o jogo de conspurcação da imagem para fins de enfraquecimento na esfera pública é poderoso.

8 — Querem evidentemente o silêncio de pessoas como eu. Como não conseguem me calar, até porque escrevo livros e eles circulam para além de mim, me transformam em arma. Vencer tudo isso vai depender de manter o estado de laboratório do espírito e uma paciência antropológica sem fim.

Eu decidi fazer disso um laboratório, assim como acredito que você também faz. Creio que o meu maior erro foi não ter feito isso antes. Muitas vezes, me faltou essa paciência antropológica e filosófica. Hoje, acho que devemos enfrentar esses ataques pontuais. Quando não enfrentamos, se não damos consistência ao debate e ignoramos certas coisas, nos tornamos mais e mais vítimas desses jogos. Acredito que o ódio ficou cada vez mais forte porque não dei importância no momento em que devia ter dado. Verdade, escrevi muito sobre essas coisas, mas sempre em tese. Não podia imaginar que eu mesma viraria objeto de minha pesquisa. Você se sente assim com o seu doutorado? Onde entra a tua experiência pessoal nisso?

Obrigada por me salvar na sua imaginação. A imaginação, essa faculdade tão maltratada, é destruída pelo delírio da razão dissociada de tudo. Ela é a faculdade que se perdeu para a nossa era desconectada do prazer e adepta dos vícios, fruto de imaginação que leva à repetição compulsiva.

Como eu queria poder ir ao Brasil, querido. Sei que irei em algum momento. Não sei se posso usar o verbo "voltar", pois não saí de lá. Aqui, do limbo, é difícil se olhar no espelho.

Fiquei muito feliz com as notícias artísticas. Que beleza tudo isso. Oxalá mil vezes que tudo dê certo!

Um abraço bem apertado com saudade,
Marcia

Virada

Jean, meu amor,

Vai ser a primeira vez na vida que vou passar um Ano-Novo sozinha. Tive convites para estar com pessoas, mas escolhi fazer o começo de uma travessia espiritual.
    Dessa vez, estarei só.

O Brasil poderia se tornar um objeto distante e, assim, quem sabe, se adequar à nova vida em terra estrangeira, mas o país volta com toda a força como uma realidade inevitável.
O Brasil não é um espectro.
O Brasil é um corpo que grita.

Marcia Tiburi

Barcelona, 31 de dezembro de 2021 (inverno)

Queridíssima amiga,

É véspera de Ano-Novo e, apesar das agruras pelas quais a maioria das pessoas passou nos dois últimos anos, elas, uma vez mais, voltam a formar esse pacto social em relação ao fim de um tempo e início de outro. Há muita gente nas ruas comprando bebida, comida e flores para a noite de réveillon. Posso estar errado, claro, mas infiro que, sem esse pacto, a humanidade não teria chegado até aqui... Há Ano-Novo em todas as culturas, mesmo que as datas nem sempre coincidam.

 Sua relação com o Natal é muito parecida com a de Julie Wark, nossa amiga que te apresentei aqui em Barcelona. Ela não gosta do Natal, essa história de refugiados em exílio e sem abrigo. E, como você, costuma ir ao circo nessa data. Este ano, como não houve circo em Barcelona, ela me convidou a ir a Sitges, como já contei. Minha amiga Noêmia foi diagnosticada com covid-19 às vésperas do Natal. Sintomas leves, como os de um resfriado forte, já que ela estava vacinada com duas doses. Isso não deveria ser um problema, mas, uma vez que adoecer é também, antes e sobretudo, uma questão de saber — ou seja, uma vez que qualquer enfermidade é um "dispositivo", no sentido foucaultiano —, Noêmia experimentou essa forma leve da covid-19 como uma zona noturna da vida. Trancou-se em casa e passou a se culpar e a buscar culpados para a infecção. Algo absolutamente absurdo, mas era o que fazia sentido em sua cabeça: buscar a origem da infeção para se sentir menos culpada. Bom, um tipo de reação que nós gays experimentamos nos anos escuros da aids, quando não havia tratamento, mas havia culpa, acusações e perseguições. A obsessão dela me incomodou um pouco porque se dirigia especialmente contra mim, ainda que de modo inconsciente. Era como se, pelo fato de eu ser gay — e, portanto, ter minha identidade coletiva profundamente marcada pelas discriminações e suspeitas que pesaram sobre a comunidade sexo-diversa na época tenebrosa da aids —, me colocasse como principal suspeito de tê-la infectado. Como te disse, ela não fazia isso de maneira consciente, mas eu entendia tudo. E, para não perder completamente a paciência com ela, fiz o teste de covid e lhe mostrei o resultado negativo. Tamanha era sua obsessão que ela chegou a insinuar que eu havia fraudado o teste. E, para justificar esse policiamento sobre mim, e só sobre mim, dizia estar preocupada com Julie, que tem quase 80 anos. Como se eu fosse um irresponsável e Julie, uma idiota.

Percebi, então, minha amiga, que há danos psicológicos causados pela pandemia de covid-19 e pela concomitante pandemia de desinformação e medo que reabilita velhos preconceitos que precisam ser mensurados com urgência. Quantas pessoas como Noêmia não estarão mergulhando em infernos de paranoias e ansiedades por causa do imaginário sobre essa doença contraída pela desinformação e pelo noticiário sensacionalista? Quando as autoridades sanitárias começarão a enfrentar esses problemas de saúde mental decorrentes da guerra de narrativas em relação à enfermidade? Para mim, o extremo oposto dos negacionistas e antivacina são os paranoicos do policiamento e do controle social. Ambos me cansam e impedem que a doença seja tratada como uma doença, sem metáforas nem políticas.

Irei daqui a uma festa com Marcello, que está hospedado em meu apartamento. Uma festa com vacinados, claro, com o número máximo de pessoas permitido. E, mais tarde, vamos passar o réveillon no apartamento de Flavio, outro amigo meu. Acho que você não o conhece. Ele é uma pessoa incrível, apesar de ariano com ascendente em Escorpião. Foi meu namorado em 2005 e depois nos tornamos grandes amigos. Ele reunirá todos nós em seu apartamento. Noêmia também vai. Creio que, agora, já negativada para o vírus e com a cabeça mais tranquila.

Marcia, eu nem vou comentar quão estúpido e misógino é esse ataque a você por causa de um tuíte escrito errado... Eu já escrevi vários tuítes em que faltavam ou sobravam palavras. Quando noto esses erros e o tuíte já está muito compartilhado, eu simplesmente os corrijo nos comentários. E pronto. Eu, mais do que ninguém, sei como é insuportável esse *bullying* e assédio nas redes sociais. Mas há algum tempo — como resultado da terapia contra a depressão ansiosa que comecei a desenvolver em 2020, produzida pelo acosso político e pelo exílio — aprendi a me defender psiquicamente dessa violência. Além de alterar as configurações de minhas redes sociais de modo que não veja as menções a mim nem comentários de pessoas que não sigo, passei a não dar importância aos insultos e humilhações e ignorá-los com ironia e humor. Custou-me muito, mas consegui.

Bom, enquanto escrevo a você, meu WhatsApp não para de receber mensagens (provavelmente me desejando feliz Ano-Novo).

Vou terminar esta carta, que encerra 2021, com os já gastos votos que repetimos todos os anos quando a pedra de Sísifo que rolamos coletivamente até o topo da montanha começa a rolar para baixo. Eu desejo maior amor à vida, e que você veja cada vez mais sentido nela, seja escrevendo ou pintando. Você é necessária neste mundo e cumpre uma missão. Desejo que nossa bela amizade aprofunde ainda mais suas raízes em 2022. Ela precisará estar mais segura ano que vem para dar ao projeto de Brasil que queremos aquilo de que ele precisa. Desejo que Lulu seja feliz também. E que nos vejamos mais amiúde.

E desejo ardentemente a vitória de Lula, minha amiga. Essa vitória é a única porta para deixarmos o exílio com segurança e o único meio de adubarmos outra vez a terra em que poderemos vicejar como os escritores, professores, artistas e políticos que somos.

Feliz Ano-Novo! Te amo!
Jean

Lavar a louça, varrer o chão

Queridíssimo,

Que pena essa situação com a Noêmia. Me parece que qualquer tipo de paranoia, pessimismo ou até catastrofismo é meio inevitável quando se é brasileiro, pois lá o vírus não é só o vírus como em outros países, é também uma arma do governo contra tudo e contra todos. Veja a maldade em relação à vacinação de crianças. O que alguém pode ganhar negando o acesso de crianças à vacinação? Ganhará adeptos delirantemente negacionistas a serviço da necropolítica neoliberal, que é o que sustenta esse governo. Mesmo Noêmia estando fora do Brasil neste momento, ela vive essa situação como uma brasileira, com a carga simbólica e imaginária, o peso da dor e da humilhação de ter contraído uma doença administrada pelo fascismo no Brasil.

Que bom que ela está vacinada, assim tudo fica mais leve.

Certamente a aids ainda sofre de estigmas, mas o ativismo antissorofóbico tem ajudado a sociedade a se livrar de mais esse preconceito. Nada como o conhecimento partilhado e trabalhado para liberar as pessoas do medo, além dos afetos mas manipulados pelos poderes de um modo geral.

Eu não estou em clima de festa e declinei dos convites que recebi. Inclusive, uma amiga mais prudente e com certa idade pediu para fazermos testes antes de ir à festa na sua casa. Fico feliz que você esteja feliz indo para a sua festa com os amigos, mas eu estou com uma bruta preguiça de tudo.

Na verdade, Natal e Ano-Novo me mobilizam muito. Eu fico triste. Então, pensei muito e decidi ficar só, sem me impor qualquer tipo de festa. Estive na rua com a Flávia, que fez pós-doutorado comigo aqui durante o ano e é uma amiga adorável. Estive com o seu amigo Gustavo, um psicólogo, dono de uma inteligência aguda e cativante.

Vim para casa cedo com o propósito de lavar a louça e varrer o chão, coisa que não fazia havia semanas. Foi muito rápido e sobrou tempo para escrever a você. Há dias estou ouvindo a música de Hildegarda de Bingen, algo que aprendi com a Sylvia Klein, a minha amiga cantora de ópera que vive em Berlim. Talvez eu vá com ela e Stephen à Alemanha, para ver o convento onde Hildegarda viveu.

Não sei se você sabe, mas a Hildegarda, que nasceu em 1098 na região de Bingen, foi uma monja beneditina que escreveu muito, ilustrou muitos livros e fez muita música. Ela virou santa e doutora da Igreja há poucos anos, num ato de reconhecimento histórico tardio, porém válido, considerando a misoginia estrutural da Igreja católica. Você pode imaginar que mulheres como ela não iam parar em igrejas porque queriam servir a Deus, mas porque a Igreja era o único lugar onde uma mulher intelectual poderia sobreviver e realizar a sua obra. O mesmo aconteceu com a Cristina de Pisano na época da caça às bruxas, no começo do capitalismo. Tenho evocado muito o espírito das bruxas injustiçadas, para que me inspirem a justiça histórica que urge, pois continuamos a ser perseguidas.

Sabe, eu sempre tive a fantasia de ser monja, mas não poderia ser uma monja cristã, tampouco budista ou de qualquer tipo. Eu não suportaria uma instituição hierárquica, e, embora adore visitar igrejas, visito como se estivesse indo a museus, onde se pode curtir um silêncio que já não existe em lugar nenhum nas grandes cidades.

Contudo, a vida dedicada à meditação, à espiritualidade e ao trabalho intelectual me interessa. Porém tem algo mais. Sempre lembro que, na minha infância, a igreja me forneceu minhas primeiras experiências estéticas conscientes. Quando comecei a ensinar estética na universidade, sempre busquei mostrar ao meus estudantes a importância da plasticidade em nossas vidas e o nexo entre o estético e o político.

Vou passar a noite da virada do ano ouvindo os cantos de vozes femininas da Hildegarda, bebendo chá e pedindo às deusas e orixás que me iluminem em 2022 e iluminem as minhas companheiras feministas, pois temos uma longa travessia na derrota do patriarcapitalismo. Esse é o meu projeto para 2022, intensificar e fortalecer a luta ecofeminista no Brasil. Contudo, já que estou no clima das igrejas e bruxas, vou visitar a Basílica de Santa Joana d'Arc amanhã. Estou começando um processo que vai durar um ano, sem qualquer tipo de álcool. Você sabe como eu gosto de tomar uma taça de vinho, mas farei uma experiência de "sobriedade" radical contra a "ebriedade" convidativa do mundo, com o objetivo de ver se isso fará alguma diferença na minha espiritualidade, no seu todo. Não vai fazer muita diferença, eu sei, mas pode me dar o foco obsessivo que é necessário para atravessar o que estou precisando atravessar. Pensando nisso, me lembro dessa gente que fica me perguntando que maconha eu fumo. Mal sabem que eu não fumo, mas adoro álcool, embora não tenha resistência física para muita coisa com essas substâncias sublimes.

Além de tudo, amanhã vou dar uma aula no Instagram inaugurando um ciclo que vou chamar de "Precisamos falar sobre Bolsonaro". Vou convidar estudiosos, professores e autores de livros sobre o assunto. Você será meu convidado, evidentemente, quando quiser participar.

Faço dos teus votos os meus. Que Lula esteja firme e forte como nós para essa nova fase de salvação do Brasil.

Meu amado amigo, desejo tudo de mais lindo sempre.

Um beijo com amor imenso,
Marcia

Alvo

Jean,

Tem dias que são difíceis demais. Tem dias que eu não tenho nenhum bom humor. Tem dias que eu choro, e quando começo a chorar, demora muito para parar. Daí eu me pergunto se isso é um problema de gênero e me refaço. Sempre me lembro de um almoço com a Jandira Feghali em que conversamos muito sobre a solidão das mulheres fortes. Eu não sou uma mulher — ou melhor, tenho muita dificuldade de me reconhecer nesse lugar onde os outros me reconhecem — e não gosto da ideia de força. Também não gosto da ideia de fragilidade. Quando aplicada aos homens, a fragilidade virou moda, mas no caso das mulheres, representa algo negativo. Logo, eu sou uma feminista, mas mesmo assim, na minha imagem da feminista como uma mulher desconstruída e livre de estereótipos, a solidão me pega. Quando falo de solidão me refiro à ausência de comunidade humana. Gosto da solidão produtiva, mas não vivo sem mundo para compartilhar. Eu gosto do mundo, e acho que foi por isso que ainda não virei monja.

Eu quase não dormi essa noite por conta de mais e mais ataques nas redes. Há anos, eu só durmo nas épocas em que finjo que não vejo esse tipo de coisa. Meu dia fica estragado, e, como tenho mania de trabalhar cedo, fica pior ainda. Os ataques nas redes têm como objetivo acabar com a presença do alvo. Assim como conseguiram nos banir do país, querem nos banir das redes sociais. Eu não pretendo deixar o território digital. E às vezes penso seriamente em voltar para o Brasil para continuar a luta, mas não sei se será possível.

Estou cansada de tudo.

Durante a pandemia, por incrível que pareça, tudo parecia mais aceitável, porque o mundo estava anormal e isso parecia combinar com os excessos do comportamento das pessoas nas redes. Mas nos momentos em que a pandemia dá uma trégua, eu fico sem lugar. O Brasil poderia se tornar um objeto distante e, assim, quem sabe, se adequar à nova vida em terra estrangeira, mas o país volta com toda a força como uma realidade inevitável. O Brasil não é um espectro. O Brasil é um corpo que grita. Tem a saudade e a nostalgia, o banzo sobre o qual falamos. Parece um filho que deixei no meio do caminho. Mas talvez seja mesmo o meu pai morto que eu não pude enterrar.

O outro lado disso tudo é que eu, que sempre fui "sem terra", que sempre tive esse sentimento de não ter chão — o que Vilém Flusser chamou de "Bodenloss" (do alemão *Boden*, chão; *Loss*, perda) —, estou descobrindo a minha profunda pertença ao caminho, mais que a um lugar. Eu vou precisar de anos de análise para elaborar o meu lado "sem terra", sobre isso não vai dar para escrever tão cedo.

Ontem andei num barco no Sena com a Flávia e o Gustavo. Depois vim para casa caminhando por um longo tempo e confirmando o que eu já sei desde criança: os domingos são dias muito tristes.

Mas a segunda-feira chega e a vida não está melhor. Escrevo esse tipo de coisa não apenas para me queixar, mas porque com você eu posso olhar para essa queixa sem medo do que ela me diz.

Te abraço forte,
Marcia

Barcelona, 5 de janeiro de 2022 (inverno)

Querida Marcia,

Já passou da meia-noite e estou aqui me remoendo com meus pensamentos... Estava em um jantar com amigos. Em quase duas horas, a conversa foi do Brasil de Bolsonaro à nova variante da covid-19, o que, na prática, é o mesmo assunto. Uma angústia foi me dominando não apenas pelo conteúdo das conversas, mas porque, subitamente, dei-me conta de que estamos "paralíticos da imaginação" (esta frase é de uma peça escrita por Teu Rodrigues — a bruxa maravilhosa de que falei —, uma das muitas que ficaram na minha memória).

Estamos impedidos de imaginar o futuro! A pandemia, os tiranos de extrema direita, suas hostes de ignorantes odiosos e os bilionários das redes sociais sequestraram o futuro. Como lutar contra isso, minha amiga? Como não sucumbir à ideia de que estamos rumo ao apocalipse? Vi as cidades do sul da Bahia engolidas pelas enchentes e rompimentos de barragens enquanto o noticiário da Espanha era dominado pelas infecções da variante ômicron. Ao mesmo tempo, vejo as lojas cheias de consumidores, o Instagram cheio de poses e danças, e o Twitter e o Facebook cheios de ódios e insultos. Vejo o presidente do Brasil zombar do país com o apoio tácito de uma imprensa que o cozinha em "banho-maria" enquanto seus candidatos de "terceira via" não emplacam. Ouço, mais uma vez, um homem branco e heterossexual de esquerda atacar o "identitarismo" sem qualquer capacidade de perceber que ele mesmo fala em nome de uma identidade vitimista e paranoica em relação às conquistas do feminismo e do movimento LGBT. Vejo ativistas de movimentos sociais atacando as alianças de Lula porque querem uma revolução socialista como a de 1917. Escuto o relato de uma amiga que foi exposta, por uma guarda da esquina, na entrada da Sagrada Família, por causa de um baseado na bolsa. Vejo o fascismo se estendendo... E tudo isso "tem a força de um inferno", como disse Clarice Lispector.

Queria sentir menos as dores do mundo. Sentir menos empatia. Sentir menos culpa por problemas que não são meus, mas tomo como meus. Embora eu me esforce cada dia para não sofrer por não corresponder às expectativas dos outros, há dias em que sou vencido por essa vontade mais ou menos inconsciente. Mesmo nunca tendo deitado no divã de um psicanalista (talvez seja a hora de fazer isso, de confiar minha cabeça a alguém), conheço psicanálise o suficiente para saber que esse meu desejo de corresponder às expectativas (logo, o desejo de ser amado) vem da relação com minha mãe. Mas, além disso, há o fato de eu ser pisciano com ascendente em Aquário e lua em Libra. Você que já leu meu mapa astral sabe o que isso significa em termos de captar dores e vislumbrar futuros que outros ainda não veem.

E é este o ponto, Marcia: eu gostaria que começássemos a ver ou mesmo imaginar esses outros futuros. Há — sei que há, só ainda não sei descrever — outras saídas que não o apocalipse. O fim da economia de mercado, do capitalismo neoliberal e do neoimperialismo do Norte global não pode ser tomado como o fim do mundo. Precisamos pensar formas de o mundo seguir sem isso; de manter o planeta vivo. As redes sociais não podem ser o nosso túmulo! Deve haver vida na internet fora dessa prisão!

Pareço meio desesperado, né? Talvez esteja mesmo.

Escrever aplaca meu desespero. Desenhar também. Ainda que eu me pergunte todas as vezes que diferença isso faz no mundo. Lembrei-me agora dos versos do grande Walt Whitman que me acompanham desde a adolescência e que trago de cabeça: "Oh, vida da pergunta desses recorrentes/ dos infindáveis trens dos incrédulos; de cidades repletas de tolos/ (...) que há de bom nisso tudo, hein, vida?/ (...) Que eu estou aqui — que você está aqui/ que o poderoso jogo da vida continua, e que a gente pode contribuir com um verso!"

Te amo, muito,
Jean

SÉTIMA PARTE
O país que há de vir

O tempo passado e o tempo presente

Queridíssimo,

Quantas questões importantes você coloca, para variar. O tema do futuro é urgente, talvez mais do que nunca. De fato, o futuro é uma ideia, como a ideia de mundo, das mais importantes. A colonização do mundo começou com a colonização das ideias. Descartes não publicou seu tratado sobre o mundo justamente porque não queria acabar como Galileu. O mundo sempre foi uma ideia em disputa. A Igreja sempre quis ser a dona do mundo e de Deus, e assim da mente e dos corpos de todos e todas.

    Jean, quando eu suspendo a minha existência e olho para nós, a comunidade humana, penso também coisas tão difíceis de descrever. Chego a esse sentimento de desespero que você menciona. Daí penso que a postura ética diante disso é continuar vivendo e tentando ser e fazer melhor. Hoje de manhã, tentando fazer ioga enquanto fervia água para o chá, me vi fazendo um pedido à minha santa, Nossa Senhora de Caravaggio. Minha mãe contou uma história de que me entregou à santa quando eu era criança porque eu iria morrer. Pedi à Nossa Senhora que protegesse as pessoas e nos livrasse do mal, e, entre todas as coisas que se passavam na minha oração não muito organizada, me vi pedindo que ela me livrasse da inveja. Então pensei: "Mas inveja de quê? De quem? Se o que vivemos não passa de uma grande alucinação carregada de saudade e solidão?"

Mesmo assim, eu invejo a tua memória! Estou brincando, mas fico impressionada. Tentei me lembrar de um poema de T. S. Eliot que eu carreguei por anos, e só agora, quando escrevo para você, é que o poema começa a reaparecer em minha memória. Ele se chama "Burnt Norton", e vou colocar aqui um trecho que acabo de achar na internet e que traduzo dentro dos meus limites: "O tempo passado e o tempo presente/ Talvez estejam contidos no tempo futuro/ E o tempo futuro contido no tempo passado/ Se todo tempo é eternamente presente/ Todo o tempo é irredimível./ O que deveria ter sido é uma abstração/ Permanece uma possibilidade perpétua/ Em um mundo de especulação./ O que deveria ter sido e o que foi/ Convergem para um fim que é sempre presente./ Passos ecoam na memória/ Pela passagem que não tomamos/ Rumo à porta que não abrimos/ Para o jardim de rosas. Minhas palavras ecoam/ Assim, em tua mente."

Depois de ter pesquisado no Google, me dei conta de que a internet virou uma prótese anímica. De fato, se pensarmos bem, toda uma cultura digital tende a nos desincumbir não só da memória, mas da imaginação. Adorno e Horkheimer falaram disso, que no mundo tecnológico a imaginação é uma faculdade menor. E olha que eles nem conheceram as microtecnologias. Em 2011, publiquei um livro chamado *Olho de vidro* no qual falo dessa prótese de pensamento que é a televisão. Mas a televisão não é só um aparelho ultrapassado tecnologicamente quando a comparamos com a internet, ela é um princípio, um operador da percepção.

Eu cito os meus livros, Jean, porque sempre escrevi sobre esses assuntos, que são todos assuntos filosóficos urgentes. Pode parecer estranho alguém citar a si mesmo. Mas é que de fato eu trabalhei com esse assunto. No ano passado publiquei um artigo em um livro que saiu na Argentina intitulado "Código distópico: catástrofe fascista *versus* cidadania cosmopolita". Eu começo falando justamente do lema do Fórum Social Mundial que surgiu em Porto Alegre no começo dos anos 1990. Naquela época, eu só pensava em estudar Platão e Aristóteles e pouco me ligava nas questões sociais. Eu nem entendia que havia um mundo ao redor além da biblioteca da universidade, meu habitat natural. Olhando daqui, acho que era porque eu vivia às voltas com um medo de enlouquecer, e a filosofia me permitia uma certa evasão de mim mesma e da realidade. Eu já fui muito mais introspectiva e solitária do que sou hoje. Já tive muito mais medo das pessoas do que tenho hoje. No meu mapa astral, o meu nodo norte (o dado do mapa que explica o que nosso espírito almeja) está em Peixes na Casa 4. Quero dizer, em resumo: eu não nasci com a compaixão como você, eu a descobri em um processo espiritual. Elaine vive me falando que eu não tenho lugar e que meu lugar sou eu mesma. Eu conheço bem a paranoia, não é à toa que me senti em casa na filosofia, que, segundo Freud, é uma paranoia que deu certo (na verdade, Freud diz que a paranoia é um sistema filosófico que não deu certo), e posso te garantir que a compaixão é a sua cura.

Voltando ao tema do futuro, o meu argumento naquele artigo era de que o capitalismo e a "globalização" se apropriaram estrategicamente da ideia de mundo e, por isso, combatem a ideia de "um outro mundo possível", ideia aliás cujo autor não apareceu até hoje, uma ideia tão bonita que não tem dono. Eu realmente não achei quem é o autor dessa frase e quando ela apareceu pela primeira vez.

Aqui em Paris, um coletivo de artistas fez uma intervenção na fachada da embaixada bolsonarista do Brasil. Lembro de um cartaz que dizia: "Um outro Brasil é possível."

Jean, um outro Brasil é possível.

Precisamos driblar nossos caçadores. Precisamos convocar o povo. As redes sociais precisam servir para isso, do contrário não servem mesmo para nada, senão para manter a ilusão perpétua que alimenta o capitalismo e seu circuito de opressão.

Tenho um projeto de país ecossocialfeminista, o nome que dei para o país que há de vir.

Eu queria só ficar pintando e desenhando, escrevendo e dando aulas de filosofia, mas acho que eu e você vamos ter que fazer mais que isso.

Te amo,
Marcia

Barcelona, 9 de janeiro de 2022 (inverno)

Marcia,

Sua carta chegou com um brilhante sol de inverno sob o céu azul de um Monet. O contraste das árvores quase secas, de escassas folhas bege, terrosas, verde-amarelas com o céu deixa cada paisagem como um quadro impressionista. Ou talvez seja eu que esteja vendo impressões pictóricas do mundo... Já tentei captar em desenhos e pinturas essas impressões, mas elas são coisas para serem vividas, mais do que captadas...

Bom, a verdade é que sua carta chegou junto com este lindo dia. E não creio que seja uma mera questão de coincidência seu conteúdo otimista. Palavras têm força e constroem mundos e percepções de mundos.

Nesse sentido, estou junto com você na difícil tarefa de fazer presente esse futuro utópico que queremos e já começamos a imaginar...

Marcia, comecei a escrever esta carta dias atrás e estou retomando hoje, dia 9. Muitas coisas que pensei em dizer já se esvaíram de minha mente. Muitas coisas aconteceram nesse intervalo.

O tempo anda cada vez mais veloz, né? E, nessa velocidade, apreende-se cada vez menos os fatos; demora-se cada vez menos nas situações concretas; muda-se de contexto com maior frequência; retêm-se cada vez menos coisas na memória... Sabia que você não é a primeira pessoa que elogia minha memória? Na verdade, quase todos os meus amigos a elogiam. Confesso que, cada vez que escuto esse elogio, minha alma ansiosa experimenta o medo de perder a memória. Morro de medo do Alzheimer, Marcia. De me esquecer das coisas que vivi e fiz, das pessoas que conheci. Que Exu leve minhas preces a Oxalá e isso nunca me ocorra! Que Omulu e Nanã não permitam!

Os bancos de dados digitais viraram a extensão de nossa memória. Antes, essas próteses eram físicas, palpáveis, apropriáveis e localizáveis como os discos, disquetes e pen drives; hoje, são quase imateriais e onipresentes, como "as nuvens". Sendo as tecnologias extensões de nossos sentidos e corpos, como já teorizou Marshall McLuhan nos anos 1960, estendemos a função de memória de nosso cérebro a essas plataformas de comunicação.

Como estava lhe dizendo, muita coisa aconteceu ultimamente. A variante ômicron do vírus da covid-19 infectou quase todo mundo aqui em Barcelona. Meu amigo e hóspede Marcello descobriu que estava positivado porque, para voltar ao Brasil, teve de fazer, por lei, um teste de antígeno. Com o resultado positivo, teve de cancelar seu retorno, permanecendo aqui em casa. O único sintoma que ele apresentou — e mesmo assim só no dia do tal teste — foi a perda do olfato. O fato de Marcello ter testado positivo deixou alguns amigos em pânico, principalmente os que vão retornar ao Brasil esta semana. Iniciou-se aquela especulação que carrega, de modo subterrâneo, o moralismo e a busca por culpados, elementos tão explorados politicamente pela extrema direita: Onde ele teria se infectado? Quem o teria infectado? Repito-lhe que tudo isso é muito exaustivo emocionalmente para mim! Mal venci a paranoia da Noêmia e já estou enfrentando outra...

Bom, quando Marcello testou positivo, eu fiz o teste de farmácia e deu negativo. Já havia feito dias antes, quando Noêmia se infectou, e havia dado igualmente negativo. Eu disse para o Marcello que nada mudaria em nossa relação aqui em casa, que eu não estava com medo, e que se não havia me infectado convivendo com ele todos esses dias, dividindo a cama praticamente, não seria agora que me infectaria. Até o momento estou bem. Farei um novo teste no dia 11, porque neste dia tenho agendada a terceira dose (a dose de reforço da vacina).

Marcello ficou menos abalado com o resultado do teste de antígeno, uma vez que está praticamente sem sintomas, e mais preocupado com os impactos econômicos do resultado do exame em sua vida. De início, ele teve que pagar pelo teste. A remarcação da passagem será também por conta dele (a companhia aérea não cobre mais esse custo). Ele terá, claro, que gastar dinheiro com alimentação por mais dias. Menos mal que ele esteja em minha casa e não em um hotel. E ainda bem que não sou um desses paranoicos em relação à covid-19. Eles são o avesso da medalha dos idiotas negacionistas e antivacina!

Eu estava dizendo, mais cedo para o Marcello, que a covid-19, quando vista como uma distopia do capitalismo neoliberal, reavivou um moralismo que está uma vez mais empurrando LGBTs solteiros para o armário. Sim, com essa paranoia toda e o jogo de culpas em relação à covid-19, somos obrigados a nos calar sobre nossos modos de vida sexual-afetivos — a frequência com que rola *cruising* ou as idas às saunas e aos clubes, por exemplo — para não sermos acusados de termos sido nós a infectar nossos amigos héteros. Ainda que o vírus esteja em toda parte e a pessoa possa contraí-lo simplesmente respirando, quando o teste de alguém dá positivo, a tendência é buscar o culpado entre aqueles "licenciosos", "libertinos", "flâneurs", "vagabundos" e "vadios" que não param em casa e vivem pelos bares, beijando e abraçando desconhecidos. A liberdade sexual volta a ser atacada como na época do surgimento da epidemia de aids. E, também como naquela época (não por acaso o auge da popularidade de neoliberais odiosos como Ronald Reagan e Margaret Thatcher), todos os dispositivos de reafirmação da heteronormatividade são postos em ação; e as pessoas agem e reagem em nome deles, ainda que de modo inconsciente. Quem diante da iminente acusação que reabre velhas feridas e reativa velhos traumas assumirá seu modo de vida "arriscado" para um amigo heterossexual que testou positivo para o vírus da covid-19? Cada vez menos gente. E esta é outra das consequências da pandemia: impedir a liberdade dos corpos, a troca dos fluidos, o curso do desejo, a fantasia e o prazer de estarmos juntos, celebrando — tudo o que faz a paz ou nos deixa em paz, a festa e o carnaval. A covid-19 e sua exploração econômica pelos mesmos capitalistas que engendraram sua emergência são a guerra! Precisamos vencer essa guerra, sair dela. E a saída está em resistirmos e insistirmos na festa, no estarmos juntos, no cuidado entre nós; em evitar a busca de culpados (o vírus nos pertence!), em escapar da paranoia, em enfrentar o medo da morte; em valorizar a vida diversa. E principalmente em reconhecer, como disse Eliot no texto que você citou, que o tempo presente está contido no futuro. Assim vivemos (o) agora!

Te amo!
Jean Wyllys

P.S.: Eu gosto muito quando você cita a si mesma. Sua filosofia tem um desdobramento; logo, não pode prescindir de se referir a si mesma.

A colonialidade

Querido,

Vou começar com algo que serviria de *post scriptum* ao que realmente quero dizer. Mas preciso começar pelo que, não sendo menos importante, contudo, não tem lugar e pode até ficar meio ridículo. Penso com certa tristeza que ainda estamos na época de Simone de Beauvoir, que alertou para o fato de que uma mulher, faça o que faça, tem sempre que se justificar. Indo ainda mais ao fundo da questão, quem não é "homem branco capitalista e europeu" tem sempre que se justificar. Ontem, em uma mesa de debates sobre Paulo Freire, uma professora francesa especialista em Paulo Freire disse que a colonialidade é tão pesada que tem gente na França que diz que Paulo Freire continua o trabalho de um francês da pedagogia, como se não houvesse originalidade possível fora da Europa. Por isso, Jean, eu, que não sou europeísta, sempre me incomodei muito e pessoalmente com a nossa condição colonial. Inclusive com a colonialidade interna no nosso país que é parte dos jogos de poder nacionais. De modo que, penso, devemos superar a colonialidade na teoria e na prática. E isso significa superar o "patriarcapitalismo"! Ando usando essas palavras juntas porque a opressão de classe não se separa da opressão de gênero e da opressão sexual. E é evidente que precisamos de uma palavra para dar conta do racismo e do capacitismo que faz parte de tudo isso.

Jean, a existência de uma pessoa como você, além de ser fonte de inveja, ofende muita gente. A tua liberdade e honestidade intelectual ofendem. A tua liberdade existencial, onde se inclui a sexual, ofende os ressentidos. Certamente, eu também ofendo. Para além da misoginia, conheço vários homens que têm inveja dos livros. O fato de eu estar ocupada com uma obra, por mais modesta que ela possa ser, incomoda. Mas o que mais incomoda os sacerdotes do ressentimento e da inveja que há no mundo é ver alguém feliz fazendo o que gosta e entregue ao seu "ser si mesmo". Os fascistas são uns infelizes que gozam com a desgraça dos outros porque não têm nenhum prazer em conviver consigo mesmos. Fora isso, o vazio existencial é tão grande que eles se locupletam nas regras de vida da religião capitalista.

De fato, pensar filosoficamente é pensar sistematicamente, mesmo que seja pensar contra os grandes e paranoicos sistemas filosóficos. Num cenário em que a covardia acadêmica é a regra e a coragem, a exceção, ser livre, inclusive intelectualmente, ofende. Não pertencer a uma escola e repetir a sua bíblia, ofende. Não obedecer a um sistema de pensamento, ou a uma igreja acadêmica qualquer, ofende.

E há muitas maneiras de participar do sistema da ofensa sem perceber. No Brasil, muita gente que NUNCA leu nada do que escrevi costuma dizer que eu faço divulgação de filosofia. Às vezes, são pessoas inteligentes que eu mesma leio e admiro. Tem pessoas que eu já li e que gostaria de citar em coisas que escrevi, mas que infelizmente, quando escreviam alguma coisa sobre algum assunto, não tinham nenhuma ideia original, nem na forma nem no conteúdo. Essa é uma ferida acadêmica para qual só quem se sente muito livre pode olhar de frente. Por isso, como Theodor Adorno dizia, também eu preferi os loucos. É deprimente ver que se perdem de vista duas coisas importantes nesse processo: o reconhecimento que devemos ter diante da originalidade de um trabalho, o que é uma questão menor diante de uma outra, para mim, verdadeiramente imensa e que diz respeito à complexidade do método. A grande maioria das pessoas trata a filosofia (e as ciências humanas de modo geral) como um conteúdo pronto que pode ser transmitido. Eu trato a filosofia como uma ação, ou seja, como o movimento dialético entre forma e conteúdo que envolve a situação vivida. Evidentemente, há várias maneiras de fazer filosofia. No meu caso, meus livros todos são ações linguísticas baseadas nesse método existencial, situacionista e crítico, no sentido de buscar a anatomia do poder implicada nos fenômenos. Sempre escrevi pensando no que estou vivendo, e aos poucos o mundo foi se descortinando para mim. Os problemas filosóficos que eu abordo passam por minha subjetividade, e eu não quero negar isso porque negar isso implica desonestidade moral e intelectual, mas sobretudo, uma precariedade da própria análise no ato de ocultar o sujeito pensante. Fazer filosofia é viver uma aventura hermenêutica com o método.

Tenho certeza de que dizer "eu" ofende. O patriarcado vive de um acordo entre os homens, pelo qual eles só falam em terceira pessoa com um sujeito neutro que são eles mesmos. É a mais astuta contradição da história. Por isso, dizer "eu" ofende. Contudo, não posso negar, sou eu mesma, feminista, mulher, latino-americana, "mestiça", como me chamavam, a mim e a meus irmãos, filhos de um "italiano" e uma "brasileira". Cresci em um ambiente de racismo e machismo estrutural e sempre questionei os termos e as estruturas simplesmente por perceber que a contradição estava exposta por todo lado.

Finalmente, consigo dar um salto e chegar ao assunto que mais me toca na tua carta: queria falar com você sobre o cuidado. Penso que o cuidado é um dos mais imprescindíveis temas de nossa época. O que é o cuidado, onde está o cuidado, como cuidar, quem cuida, quem é cuidado? São perguntas que não se respondem facilmente. Eu tenho tentado rever a minha vida buscando compreender onde esteve o cuidado, onde ele está e onde poderá estar no futuro. Me sinto muito cuidada por várias pessoas, e também pelo programa PAUSE, da instituição onde leciono atualmente, a Paris 8. Penso sempre em como poderei retribuir todo o cuidado que recebo das pessoas que, sendo meus amigos, cuidam de mim. Como você sabe, estou há mais de um ano sem pagar aluguel porque um casal de amigos me empresta um estúdio. Tenho amigos que saem comigo só para pagar um jantar. Percebo que querem cuidar de mim. Tenho amigos que perguntam sobre a minha saúde. Que me oferecem dinheiro. Tenho amigos que cuidam dos meus orixás. Acho lindo ter quem reza por mim e me deseja bem. Falo isso com muita alegria, Jean, porque diante de tanto ódio, a gente só sobrevive porque tem muito mais amor. Infelizmente, o ódio não está apenas nas redes sociais. Nem tão somente na extrema direita. Como disse um xamã amigo meu que já desencarnou deste mundo: "Marcia, tem gente que te odeia só porque você existe." Quando penso nisso, penso no amor que recebo de tantas pessoas e em como podemos fazer com que existam mais meninas como eu que deveriam não ter futuro e que, com a ajuda de muita gente, mas também de instituições como universidades públicas, criam futuros para multidões. Não é assim com você, Jean? Não queremos que existam inúmeros Jeans Wyllys que possam abrir caminhos para meninos que não tinham futuro e que aprenderam a inventar futuros para quem não tem futuro?

O cuidado é um caminho essencial para seres afundados na matéria como nós somos, vivendo sob o sofrimento físico causado também pelo esquecimento da vida do espírito. Somos seres que vivemos em um corpo que perece dentro de um tempo que marca o perecimento. O corpo é um lugar de sofrimento, e só não é mais quando temos a chance de cuidar dele e das restrições materiais nas quais se sobrevive. Por isso é preciso superar o capitalismo que administra o sofrimento e violenta os corpos de todos os modos, inclusive violentando o meio ambiente. Penso, portanto, em como aumentar e promover o cuidado, na contramão do capitalismo que visa tudo devorar.

Que cuidados podemos promover? Evidentemente, estou pensando em um conceito aumentado de cuidado, pelo menos, é como percebo a maneira com que você se refere à palavra "cuidado". Vejo que você está usando essa palavra para se afastar da paranoia e da falta de solidariedade. Há um limiar complexo entre cuidado e descuido, e, nesse caso, equilíbrio é algo que se busca e que não está dado. Aí entra o tema da pandemia. De fato, é preciso desestigmatizar a covid-19, mas temos que dar um desconto aos brasileiros, pois, no Brasil, essa doença tem uma conotação política muito maior do que em qualquer outro país. Afinal, é a arma biológica dos fascistas. Creio que as pessoas não se sentem apenas invadidas pelo vírus, mas pelo poder de Bolsonaro, que se associou ao vírus para realizar seu projeto. É o trauma político que entra em cena. A covid-19 se tornou uma doença humilhante. As mortes que ela causa são marcadas pela sensação de emboscada, por alguma coisa que nos acontece, mas que não deveria ter acontecido, e surge uma estranha culpa que, mal comparando, é típica das vítimas de violência sexual. É a sensação de ter sido invadido. E pela falta de responsabilização e punição dos reais culpados surge o que podemos chamar de fantasma da evitabilidade que eternamente paira sobre essas figuras.

Minha filha me falou do *Teoria King Kong*, da Virginie Despentes (aliás, a tradução brasileira é da nossa querida amiga Márcia Bechara), de um jeito que me levou a ler o livro com mais curiosidade (eu preciso terminar ainda). Ela me disse que a Despentes foi estuprada e que, do jeito que ela elabora o estupro, se torna menos pesado para quem passou por essa experiência. A Despentes tira o peso dessa violência ao falar da sua inevitabilidade sistêmica e equipará-la a outras violências. Ora, o patriarcado é ele mesmo a pura violência. Viver sob o patriarcado é viver sob ameaça de estupro, violência e morte. Esse sistema existe pela e para a violência que o reproduz. O patriarcado, assim como o capitalismo em todas as suas expressões (racial, capacitista, antiecologista), é um sistema que administra a ameaça como forma de subjugação. O "patriarcapitalismo" precisa ser superado para que a violência seja superada. Não haverá paz enquanto esse sistema estiver em pé.

Pois bem, no patriarcapitalismo, há a democracia do sofrimento. Daí que o judaico-cristianismo seja uma espécie de capitalismo e, também, o capitalismo uma espécie de judaico-cristianismo. Vamos acrescentar o islamismo atual nisso como mais um sistema de opressão patriarcal. Há dor distribuída por todo lado nesses monoteísmos patriarcais. Se trata de religiões capitalistas que combinam com o capitalismo como religião. Pagamos todo o tempo, através da dor, comprando a dor e comprando a possibilidade de evitar a dor. Como dizia Benjamin em seu famoso fragmento sobre o capitalismo como religião, a expiação no sistema capitalista não tem redenção. E só o que conseguimos, ao pagar para evitar a dor, é mais e mais dor.

Não devemos carregar essa dor em nossos corpos e vidas como se fôssemos as portadoras eternas da violência do estuprador. O estupro é um evento de violência, e nenhuma mulher precisa levá-lo como uma marcação definitiva em sua vida. Ao apontar para isso, Despentes promove uma inspiradora atitude soberana. A tua postura também é inspiradora ao defender o cuidado amplo e não a paranoia em relação à covid-19. Você percebe que a paranoia deturpa o cuidado e a vida que deveria promover. Do mesmo modo, diante de um tema tabu, a atitude de Despentes tem o poder de liberar as vítimas. Tem o poderoso efeito de tirar o peso, a culpa que o patriarcado joga sobre a vítima — a bizarra culpa de ter sido estuprada —, e de devolver essa culpa aos perpetradores da violência, aos criminosos, aos indignos e vis estupradores e violadores que possuem a hegemonia da violência.

Creio que podemos nos inspirar nessa criação de Despentes para devolver a culpa aos genocidas. As vítimas não precisam ser vítimas eternas.

Eu acredito que a gente precisa virar a chave sempre. Particularmente, estou muito cansada de ser vítima desse estado de coisas. Contudo, para chegar a esse raciocínio, precisei assumir o quão vítima eu sou dessa infelicidade toda que eu abomino. Evidentemente, eu vivo de "racionalizar" tudo, mas, mesmo entendendo e explicando para os outros e também para mim, essa atitude me cansa. É uma tarefa muito pesada viver o experimento, sobreviver a ele e ter que explicar.

No fundo, estou com a esperança de que Lula vença, apesar dos pesares, apesar dos Estados Unidos apoiando o exército, o juiz ladrão que virou candidato e toda essa corja imperialista feita de colonizadores internos e externos. Do mesmo modo, me esgota pensar que o exílio do presente está contido no tempo futuro, e pouca gente se dá conta de que, daqui a pouco, seremos todos exilados em escala planetária. O mundo precisa interromper o fascismo, como disse Benjamin: é preciso puxar o freio de mão da história. Isso implica interromper o amor às máquinas e tecnologias e o amor ao capital. O neoliberalismo e o fascismo estão aí, sem freios, para destruir tudo, sabemos. E eu estou pensando que é preciso construir um atalho para um outro mundo possível.

Mas, volto ao cuidado. Sempre me ressenti muito por não ter aprendido a cuidar. Finalmente, tento responder à pergunta "O que é cuidar?", Jean. Para mim, significa estar atento. Estar atento sem paranoia. Com uma atenção flutuante, meio aqui e meio lá. É um processo de observação e de ação conforme a necessidade, sem invasão, com escuta, paciência e tolerância. O cuidado é metateórico: é preciso cuidar do objeto e do método. Cuidar do cuidado.

No cuidado, eu escuto, eu atendo, eu protejo, eu libero, eu estou lá, mas sem exigências de pagamento pelo que faço. O cuidado só é possível onde não há culpa ou castigo. No cuidado, há sempre aceitação e reconhecimento. No reconhecimento, faço o outro existir. Uma vez, tive um amante (Lulu que me ensinou a usar essa palavra e estou gostando muito) que me marcou muito. Na minha infância, ouvi dos adultos que ter um amante era a coisa mais suja que uma mulher poderia ter. Mas esse amante sempre dizia: "Vou te cuidar." E eu gostava desse uso não maternal da palavra "cuidar", porque o sentido era deslocado para uma ideia de "dar atenção", conversar, entender meus dramas e problemas. Era um raro homem que ouvia sem julgar. Ele não era muito bom nas práticas sexuais, no sentido coreográfico do termo, mas, naquela época, em que eu ainda tinha alguma curiosidade sobre sexo, justamente por conhecer tão pouco, ele me trazia algum encantamento. E veja que, de repente, estou falando de sexo. É porque gosto de te ouvir falando da tua vida sexual. Há uma liberdade nisso que soa escandalosa. É algo perfeito no contexto do ódio ao sexo típico desses tempos sombrios. A propósito, descobri que na escala LGBTQIA+, eu sou "A", de assexual, e isso quer dizer que provavelmente, em algum momento, vou começar uma transição para fora do gênero. Para fora do sexo como prática, eu já estou avançada (gargalhadas). Eu deslizei para fora do dispositivo sexual sem muito esforço. Sobre gênero, eu realmente espero me livrar de todos os signos do gênero *standard*. Na nossa geração nada disso era fácil. Continua não sendo. Contudo, vivemos um momento de descoberta e liberdade de autoinvenção que não vai parar. Não quero dizer com isso que vou fazer transição de gênero. Essa *fake news* já existe, a propósito. Não faria, até porque sempre digo que meu gênero é o feminismo. O gênero "mulher" eu uso na luta. O conceito de gênero precisa ser expandido. A ideia de "gênero fluido" me parece a mais interessante.

Uma coisa que as mulheres descobriram é que elas precisam cuidar delas mesmas antes de cuidarem dos outros. Essa foi uma grande descoberta para quem foi criada para trabalhar no contexto dos cuidados servis. Emancipar o cuidado é uma tarefa histórica de todos os seres oprimidos por meio desse lugar. É preciso cuidar do mundo, e cuidar do cuidado para que ele não seja arma de escravização de gênero.

Cultivo esse sentimento de comprometimento como você, Jean.

Com amor,
Marcia

Barcelona, 17 de janeiro de 2022 (inverno)

Amiga,

Ri muito quando li o trecho de sua carta em que você mais ou menos afirma que perdeu o interesse em sexo (risos). Ri porque me lembrei de você, Targino, Francesc e eu no café Baden Baden tratando do mesmo tema e rindo por esse descompasso entre nós. Targino e eu somos interessadíssimos em sexo! (risos) O sexo para mim, Marcia, a prática sexual, o ato de beijar e abraçar um homem (eventualmente uma mulher, embora eu não seja bissexual) são uma pulsão de vida; uma razão poderosa para eu gostar de estar vivo e seguir vivendo. Todas as proibições, silêncios, invisibilidades e representações negativas impostos aos homossexuais conseguem, no máximo, recalcar nosso desejo, que, como tudo que é recalcado, retorna com mais força e sob diferentes máscaras. As sociedades heteronormativas só erradicam o desejo ou orientação sexual de um gay ou lésbica quando matam seu corpo (ou perpetram atrocidades como a castração química imposta a Alan Turing, o que, na prática, tem o mesmo peso do assassinato). Esta verdade psicanalítica sobre o retorno do desejo e/ou a orientação sexual recalcada, somada ao fato de que experimentei meus primeiros desejos sexuais sob todos os estigmas que a epidemia de aids lançava sobre os homossexuais, e que tornavam nosso tesão um risco de vida, como cantava Cazuza, tudo isso me fez uma pessoa que gosta de sexo e não consegue imaginar a vida sem beijo nem abraço. Nos primeiros meses da pandemia de covid-19, quando muito pouco se sabia sobre a enfermidade, as autoridades políticas falavam em guerra e nos conduziram ao confinamento; naquele momento, assombrava-me o medo da extinção em massa, mas também o de sobreviver num mundo em que beijo, abraço e sexo estivessem banidos por razões sanitárias. Se esta fosse doravante a forma do mundo, eu preferia morrer.

Não foi mera coincidência que minha depressão ansiosa tenha emergido naquela ocasião, ao contrário. Incapaz de elaborar conscientemente os terrores e traumas mais inconscientes despertados pelas notícias em relação à pandemia, minha mente adoeceu, produzindo sintomas terríveis, como sensação de pânico, frequência cardíaca acelerada, pés e mãos frios, dificuldade de respiração e pensamentos loucos. Vi-me à beira do abismo. Todos os traumas reavivados e as situações não elaboradas devidamente — a fama e a infâmia que, consecutivamente, pautaram minha vida entre 2005, ano em que, amado, venci o BBB, e 2018, ano em que fui obrigado a deixar o país porque odiado e ameaçado de morte devido a mentiras — articularam-se entre si numa rede escura que derrubou minha saúde mental naqueles meses. Eu estava sozinho naquele frio inumano da Nova Inglaterra. O exílio naqueles dias tinha a força de um inferno!

Mas sabe o que me salvou, além do bom tratamento médico ("remédio é melhor que Deus", disse-me nossa amiga

Nina Lemos)? O cuidado dos amigos e amigas. Para eles e elas (incluindo aí você mesma, minhas duas queridas irmãs, Josélia e Josiane, e meus três queridos irmãos, George, Rômulo e Ricardo), eu abri o que estava vivendo. E abri apenas para essas pessoas amadas e amigas porque, mesmo em crise e sofrendo, eu sabia que, caso a notícia vazasse naquele momento, viria uma avalanche de ódio cujo objetivo seria me empurrar de vez no abismo. Meus amigos e amigas lá da Nova Inglaterra — a começar pelo casal de músicos Rejane e Ebinho, que me acolheram em sua casa — evitaram esse mal. Sempre que posso, eu lhes agradeço.

O cuidado é uma das grandes forças vitais, Marcia. Quem não cuida nem toma cuidados não merece confiança. Quem atua nesta vida só em função de si e dos seus (sendo este "seus" aqueles que compartilham consigo a mesma classe social, etnia, procedência, orientação sexual ou identidade de gênero) tem um pé no fascismo.

Não sei se você chegou a ver a polêmica que um texto do antropólogo Antonio Risério causou nas redes sociais. O texto não é bom, não toma os devidos cuidados nem faz as devidas distinções na pretensa crítica aos exageros dos chamados "movimentos identitários". Resvala numa falsa simetria quando aborda a discriminação de afro-americanos — submetidos a séculos de escravidão e consequente racismo estrutural — em relação a brancos queixosos do sistema de cotas etc. O texto não apenas aborda sem profundidade nem respeito questões que precisam, sim, ser debatidas (gostem os movimentos identitários ou não), mas de outra forma, como também erra no *timing*. Dar "munição" à extrema direita racista, misógina e homofóbica é um desserviço que Risério não precisava fazer em nome de sua vaidade pessoal.

Em relação ao ativismo e aos atuais representantes LGBTQI+ no Brasil, por exemplo, fui supercuidadoso numa resposta a uma jornalista da DW. Ela me perguntou sobre avanços e conquistas. Bom, eu disse que há pouquíssimos avanços. E todos no âmbito da "representatividade". Os/as ativistas LGBTQI+ (e a extensão dessa sopa de letras é só mais um sintoma disso) têm se contentado com este pouco: representatividade. E isso pode ser só — e tem sido — uma esmola do capitalismo neoliberal de plataforma. Eu disse também que faltam, a muitos desses e dessas representantes, conhecimento e profundidade sobre os outros temas que nos afligem como habitantes de um planeta ameaçado por um modelo de desenvolvimento predatório; faltam leitura, conhecimento da história (inclusive da própria história do movimento LGBT) e repertório cultural mais amplo; faltam ciência política e capacidade de interpretar a conjuntura. Sobra performance nas redes sociais; e amiúde um patrulhamento autoritário contra as pessoas aliadas de fora da comunidade que não repetem seus clichês ou vacilam em seu novo vocabulário de gênero neutro. Ora, não estou mentindo. E acho que em algum momento teremos que aprofundar esse debate. Mas não da maneira desrespeitosa e generalista de Risério e outros intelectuais de esquerda abalados pelas reivindicações dos negros, mulheres feministas, gays e trans.

Fico por aqui.

Te amo!
Jean

Matrizes subjetivas

Querido,

Importantíssimo que possamos falar sobre sexo livremente. O sexo livre volta a ser uma bandeira hoje quando vemos o retorno do moralismo e do fundamentalismo ressentido e violento que segue todo o roteiro do *pater potestas* apodrecido das igrejas. É bom mencionar que entre Cristo e cristão há um abismo. Certamente, os nossos detratores não vão ler estas cartas, mas se lerem vão me heterodenominar de mal-amada e você de lascivo. Agora sou eu que estou rindo. Ao mesmo tempo fico preocupada, pois a energia que vem disso é péssima. É horrível pensar que tem tanta gente de olho (grande) em você, controlando o que você diz e faz. O capitalismo de vigilância já tinha sido denunciado por Nietzsche quando ele falava dos sacerdotes da moral sempre prontos ao julgamento. É uma tecnologia política superespecializada incorporada nesses sujeitos da vigilância cotidiana e nos robôs da internet.

Tem um aspecto que não posso deixar de lado nisso tudo. Tenho trabalhado com a ideia de que somos organizados subjetivamente a partir de matrizes. Assim, a matriz subjetiva masculina e a matriz feminina. Eu não faria uma oposição entre heterossexualidade e homossexualidade, mas entre norma e liberdade. Se tomo a mim mesma como exemplo (toda vez que faço isso, me dou mal, mas vamos lá, rindo sempre!), eu comecei a dizer que o meu gênero é o feminismo. Não me sinto confortável dentro da heterodenominação "mulher". Aqui, uso hétero como sinônimo de imposição social sobre meu corpo, como leitura que vem de fora e segue na minha direção. Sempre achei a norma desagradável, mas tampouco tive a sorte de ser uma mulher fora da norma da heterossexualidade compulsória. Precisei de alguns anos de análise para entender que não teria que viver com ninguém e que o desejo sexual não precisa ser obrigatório, embora a ordem simbólica e imaginária nos convide a isso. Bom, o aspecto que me interessa elaborar diz respeito ao modo como as "matrizes subjetivas" vivem a sexualidade. Nada há de natural. Nem mesmo o prazer, afinal somos seres de linguagem e tudo em nós é construído nessa esfera. Nesse sentido, me parece que a sexualidade fora da heteronormatividade é a única que pode ser vivida como um prazer real. O prazer seria, nesse caso, uma liberdade. Adorno falava de "amor não regulamentado", e eu gosto dessa ideia. Mas já não tenho tempo para isso. Entre ler um livro e fazer sexo com alguém, prefiro o livro. Te vejo rindo e começo a rir também. Mas falo sério. Por mais que as mulheres possam ter homens simpáticos e amorosos em suas experiências sexuais e afetivas, o que talvez não seja tão raro como possa parecer (eu mesma já tive bons relacionamentos com homens), é um fato que, se lemos as coisas do ponto de vista simbólico, a sexualidade feminina está ligada à violência. Simone de Beauvoir falava que na vida das mulheres a etiqueta sexual sempre vem antes. A mulher é um ser que foi construído para ser servil, inclusive em matéria de sexo. Ser mulher, do ponto de vista do patriarcado, significou ser um corpo-objeto a serviço do patriarcado. Até mesmo as mulheres das classes exploradoras e privilegiadas servem a seus maridos, até mesmo em países onde o feminismo avançou. A história do feminismo é a história da luta para libertar esses corpos, mas essa luta só vai melhorar no dia em que não houver mais generificação, ou seja, quando ninguém for construído pelo gênero e não precisar obedecer a papéis predeterminados. Outras formas de relação surgirão quando os corpos forem livres dos programas de gênero. Isso vale para raça e classe, evidentemente. Por isso, todos os corpos em luta para desmontar o gênero são heróis nesse processo.

Comparada a amigos em geral, tive poucas experiências sexuais. Não me arrependo delas, mas sobretudo não me arrependo das que não tive. Sempre preferi o lugar mental, quero dizer: sempre preferi ficar pensando e refletindo sobre esses temas. Entre fazer sexo e escrever um livro, adivinha o que eu escolho? Muita gente me confundiu na minha juventude, achando que eu vivia em *caves* sadomasoquistas e surubas. Imagine. Eu acho graça. Quem me conhece mais de perto sabe que sou uma Vênus em Touro que se contenta com um bom vinho de vez em quando. O que eu gosto mesmo na vida é de uma obra de arte. Às vezes, acho que vivo meio fora do meu corpo, Jean. Não quero dizer com isso que sou uma pessoa sem emoções, mas que todas as vezes que me deixei levar pelo emocional, pelo cansaço, pelo mau humor, pela raiva e outros afetos baixos, a vida ficou péssima. Eu perdi a poesia da vida, que é o que realmente me emociona. Não gosto do culto capitalista das emoções. Então, vivo melhor se me concentro nas minhas viagens linguísticas que são artísticas e filosóficas. A razão se torna o meu afeto mais potente e eu fico nesse estado meio alfa, digamos assim, que me faz escrever, dar minhas aulas de filosofia e ficar em paz com a parte que me toca nessa existência. Continuo com o sentimento estranho e meio megalômano de que é preciso mudar o mundo, mas estou cada vez mais ligada na proporção entre meu corpo, minha vida e essa coisa complexa chamada "mundo". O sentimento megalômano vai ficando mais proporcional com o tempo. Espero descobrir ideias melhores do que essas ideias gigantes, mas até agora não encontrei ideia melhor e mais prazerosa do que a ideia de revolução. Quanto mais o tempo passa, mais percebo que o mundo é um assunto da minha vida, como foi para Giordano Bruno, para Descartes e é, de um modo totalmente diferente, para Vandana Shiva.

Mesmo esses ataques alucinados que eu recebo não me tocam pelo conteúdo e pela forma, mas pelo problema coletivo que colocam. É o problema do mundo que construímos em comum. Desde muito cedo, aprendi a pensar que as emoções sentidas pertencem a quem as sente. Eu prefiro que venha amor em minha direção, mas o que me toca é sempre considerar não o que a pessoa sente por mim (desde

David Hume esta questão está posta: não podemos saber nada sobre o que o outro sente, mas apenas sobre a exposição do sentimento, ou seja, a linguagem), mas o gesto ético de me dedicar algo de bom, sem, muitas vezes, nem me conhecer. Isso tudo pode parecer óbvio para você, mas, para mim, não é. Levei anos para entender isso. Em mim, até a compaixão vem sendo construída. Eu venho de um mundo muito frio, em que as pessoas não se beijam e não se abraçam. As únicas sensações que trago comigo da infância são o frio, o medo e a observação do mundo.

Contudo, consigo imaginar como tem sido para você, não só pelo que você me conta e já me contava desde o Rio, mas pelo que eu posso comparar das coisas que vivi. Quando saí do Brasil e fui direto para os Estados Unidos, também passei um inverno debaixo da neve sem contato humano por dias e dias. Eu me perguntava como era capaz de suportar algo tão exasperador. E onde eu estava, era difícil até comprar comida. Eu tinha o suporte dos *sponsors* da casa que habitava, mas evitava incomodar. Foi ali que descobri a minha relação com a solidão. Eu não sabia que era capaz de me sentir mal sozinha. Antes, cheia de gente ao redor, eu buscava a solidão. Os homens não sabem o que é isso, pois para eles ficar só é um direito natural. Para as mulheres é sempre uma conquista. Eu que sempre priorizei a minha atividade com a escrita, apesar de cavar espaço para isso em cada meia hora que sobrava de tantas outras atividades, fui muitas vezes chamada de egoísta e narcisista. Hoje, eu sou feliz sozinha e posso assumir meu casamento com o que eu escrevo e com o que eu desenho.

Mergulhada na solidão, eu sobrevivi porque voltei a desenhar. Escrevi todo o tempo e desenhei todo o tempo. E, hoje em dia, quando alguém pergunta "Como você consegue?", posso dizer que é porque eu não faço nada muito mais divertido do que isso, ou porque eu me divirto assim mesmo. De fato, em todos os sentidos, não tenho nada melhor para fazer.

Jean, esta semana ouvi falar desse sujeito que escreveu um artigo racista, mas não lembro quem era. Não sei se conheço, se já encontrei. Eu ando muito sem memória. Chega a ser preocupante.

Eu vou te falar em uma próxima carta sobre esse tema do chamado "identitarismo".

Agora tenho que sair correndo para o ateliê, do qual devo me mudar em um mês, pois ele será demolido.

Beijo com amor,
Marcia

Viver será nossa resposta.

Jean Wyllys

Barcelona, 25 de janeiro de 2022 (inverno)

Querida Marcia,

Demorei um pouco para lhe responder porque a vida embolou do lado de cá. Os problemas ordinários de meus amigos e minha amiga com covid-19 — remarcação de passagens, extensão de estada, antígenos e PCR — absorveram-me nos dias anteriores. Como já lhe havia dito, isso afetou minha rotina produtiva. Eu tenho uma rotina e preciso dela, por mais estranha que pareça a olhos desavisados. Após três anos de exílio, vivendo em diferentes fusos horários, só sou produtivo no horário do Brasil. Realizo coisas pela manhã aqui apenas quando não há alternativa, pois, em geral, vou dormir às cinco da manhã, mais ou menos. A alteração da minha rotina neste mês que ainda não terminou me levou a um acúmulo de trabalho. Sim, trabalho eu tenho de sobra, falta-me o dinheiro à altura do tanto que trabalho (risos).

Pensei muito no que você escreveu em sua carta sobre ser "mulher". De não se sentir confortável nessa designação ou, melhor, no sentido que as sociedades patriarcais — principalmente depois da emergência do capitalismo — deram a essa experiência. Mesmo sendo um desertor convicto do patriarcado, ainda tenho muito o que aprender com as mulheres forjadas mulheres por ele. Quando iniciei um doutorado na Universidade Federal Fluminense (que não levei adiante), minha orientadora e hoje amiga, Laura Graziela, apresentou-me ao trabalho da antropóloga Marilyn Strathern, de quem li *O gênero da dádiva*. Neste livro, Strathern faz, por meio da etnografia na Melanésia, um questionamento instigante — e até agora sem muitas respostas — sobre os limites epistemológicos da antropologia e do feminismo ocidentais em relação ao gênero. O que me fez me interrogar também sobre as identidades concebidas pelo movimento LGBTQIA+ — haja identidades! (risos) —, cuja face é moldada pelos gays, lésbicas e trans estado-unidenses pelo menos desde a Revolta de Stonewall. Que espaço esse movimento está deixando para uma sexodiversidade ou uma sexodissidência que não caiba nem queira caber nessa sopa de letras? Que não se enquadre na estética nem na "gramática" engendradas por ele e logo absorvidas e instrumentalizadas pelo mercado? São questões difíceis de responder porque sou parte desse mesmo movimento, sujeito de suas conquistas em termos de direitos civis e visibilidade...

O que posso dizer, agora, com base em minha própria experiência, é algo que já está mais ou menos dito em meus livros anteriores: o que está no fundamento da comunidade de gays, lésbicas, travestis, transexuais e transgêneros é a homofobia — "homolesbotransfobia", um palavrão (risos). O que parece nos fazer membros de uma mesma comunidade é o fato de sermos vítimas desse conjunto de violências que organizam uma ordem baseada e hierarquizada a partir da diferença sexual biológica e da função procriadora do coito. A essa ordem chamamos de "heterossexista" e "heteronormativa", como você bem sabe.

Eu me debato contra ela desde que me entendo por gente, até porque me vejo como fruto dela. Ou seja, resumindo aqui radicalmente e irresponsavelmente o pensamento de Michel Foucault, sou um sujeito (sujeitado) desde sempre me debatendo contra a sujeição que me deu uma subjetividade (um sentimento de si). E a subjetividade que me forma tem a sexualidade (e não há sexualidade sem corpo, claro) como uma fonte de prazer e de resistência. Quem me dera chegar a esse seu estágio de gozar apenas com as aulas de filosofia, a pintura e a escrita! No meu caso, tudo isso ainda concorre com uma boa trepada! Ou seja, a filosofia não me libertou de meu apetite sexual. Perdoe-me, Platão (risos).

Creio que essa afirmação positiva e pública da minha sexualidade — assim como a minha consciência de classe social — é a minha resposta àquele "sentimento de inferioridade ontológica" (de que fala Mark Fisher) imposto pela homofobia e pelo neoliberalismo aos homossexuais e trabalhadores, respectivamente (no meu caso, pertenço simultaneamente aos dois coletivos). Essa imposição diz que o trabalhador homossexual vindo da pobreza não é o tipo de pessoa capaz de desempenhar papéis destinados aos grupos dominantes. Eu provei que isso não é verdade. Tornei-me um intelectual público de prestígio e bem-sucedido. Não por acaso, quando a difamação contra mim começou, muitos dos que podiam desmontá-la tornaram-se cúmplices dela.

Aliás, Marcia, concordo com você que a infâmia organizada perpetrada contra nós pelos fascistas brasileiros e as ameaças dela decorrentes colocam um problema coletivo. Não resta dúvida. Contudo, é também verdade que ela nos afeta como indivíduos. Como é possível ficar bem enquanto pessoas te insultam de maneira organizada durante uma *live* no Instagram? Como relevar o fato de que essas pessoas são orientadas a deixar comentários ofensivos e mentirosos em toda e qualquer publicação que fazemos? Como se elevar como um iluminado sobre as reiteradas ameaças de morte que elas seguem fazendo? Não, amiga. O problema é coletivo, mas dele participam indivíduos que precisam ser responsabilizados pelo que fazem. Ainda que eu reconheça que também sou atacado por robôs, não posso me esquecer que esses robôs foram programados e/ou estão sob o comando de pessoas, de criminosos. Nunca perca isso de vista, Marcia. Às vezes, acho você resignada demais em relação a essa questão. Há, sim, pessoas manipuladas pela desinformação e pelas *fake news*. Mas há outras tantas identificadas com o mal e que o perpetram por prazer. Não me basta saber que elas são ordinárias, ressentidas e fracassadas se comparadas comigo. Não me basta saber que sou a lâmpada que atrai insetos. Eu quero que a minha luz cegue e derrube os insetos, queime suas asas. Pois, se não for assim, os insetos, de tantos que são, obliteram a luz da lâmpada mesmo que esta siga acesa. Vou reivindicar a justiça e a reparação até o fim da vida. Quero estar aceso, mas também quero seguir iluminando a escuridão — e isto só é possível derrubando a nuvem escura de insetos. Para concluir este raciocínio (e esta carta), cito a música imortalizada pela gigante Elza Soares, que nos deixou semana passada: "Brigar sutilmente por respeito/ Brigar bravamente por respeito/ Brigar por justiça e por respeito"!

Um beijo, meu amor,
Jean Wyllys

As datas têm se tornado muito dolorosas para mim.

Querido Jean,

Te entendo e concordo contigo sobre eu não estar muito preocupada com a justiça, mas essa é uma atitude de autoproteção emocional. Veja só: quando até o adorável advogado que você me indicou diz que não se pode fazer muita coisa contra quem me ataca porque os ataques foram realizados quando estive em campanha política, eu realmente desisto. Parece que nenhum advogado escuta quando eu digo que sou atacada desde o começo de 2018 de maneira programática e organizada, muito antes do período da campanha, com vídeos e material de redes sociais, memes e tudo, com matérias coletadas, recortadas e distorcidas por profissionais da distorção, da manipulação e da difusão massiva de lixo desinformativo. Há algo sério por trás das melhores intenções dessas pessoas: ser mulher e ser atacada é normal na cultura patriarcal. Ser mulher, no Brasil, significa não ter direitos. Nenhum direito caberá a uma mulher a quem se destina uma dose natural diária ou semanal de misoginia. Ser mulher, no Brasil, significa estar genericamente ameaçada de morte. De fato, tenho que procurar uma advogada feminista, porque os homens que procurei nunca tiveram empatia prática, apesar das palavras gentis (se algum deles ler isso, vai dizer que sou ingênua, que não conheço o "devido processo legal", que o judiciário é fascista e sempre vai decidir contra mim). Todos foram unânimes em dizer que não adianta nada, que não vale a pena o esforço, que tudo isso custa muito caro e, se eu perder, terei de arcar com as custas dos processos. De fato, eu não teria dinheiro para pagar essas coisas. Também fico constrangida de pedir que trabalhem de graça para mim, além do mais depois de tantos conselhos desestimulantes. Trabalhar de graça, como eu e você, sem reclamar, é raro e injusto. Na verdade, não me importo muito de fazer muita coisa de graça, pois amo o que faço e, muitas vezes, esqueço que é trabalho. Se a minha condição financeira melhorar, o que não vai acontecer tão cedo, contudo, creio que processarei muita gente.

Eu prometo a você que me ligarei mais na questão da justiça.

Por enquanto, pensei assim: vou leiloar o retrato que fiz de Bolsonaro com aquela espiral do hipnotizador. Já que todos podem usar a minha imagem e nome sem qualquer tipo de penalização, pensei em fazer o mesmo. Mas há o problema de não ter dinheiro para pagar os advogados de defesa. Eu logo esqueço que preciso de dinheiro para pagá-los. A meu ver seria muito melhor doar o dinheiro do leilão ao padre Júlio Lancellotti ou ao MST. O primeiro desenho que vendi, mesmo estando mal de grana, eu doei ao Levante Feminista contra o Feminicídio, que é a campanha que está unindo feministas do Brasil todo. Mais de oitocentas entidades feministas espalhadas pelo Brasil. Isso me emociona mais, me faz esquecer os fascistas com suas bocas venenosas espumando na minha direção.

Esta semana foi a vez dos ataques de pelanca dos órfãos de Olavo de Carvalho. Jean, eu estou bestificada com a comoção agressiva desses seguidores do guru da extrema direita. Porém, sou obrigada a fazer um mea-culpa em relação a isso. Eu não me importei com o Olavo de Carvalho, achei que ele era um assunto ruim, um personagem insignificante, mais um chato buscando chamar a atenção, e lhe dei as costas. E olha onde tudo isso foi parar. Meu erro foi ter falado de Bolsonaro, percebido e anunciado o horror, mas não ter feito o mesmo com o seu guru. Ele era muito ruim para ser sequer mencionado, mas não olhar para o mal implica uma soberba e esse foi meu erro. Faz muito pouco tempo que comecei a falar dele. Há pessoas ocupadas com esse objeto de estudo com mais competência e ânimo do que eu para falar dele.

Para mim, Jean, resta a história. É aí que eu quero vencer. Com a minha obra, que, com todos os seus limites e defeitos, é o lugar onde guardo o testemunho da minha experiência de pensamento e da minha relação com esse mundo estranho em que existimos como seres encarnados.

Desculpe se isso parecer muito místico. Mas, além de ser professora de filosofia (ando repensando seriamente o que isso significa), o fato de eu escrever ficção me autoriza a dizer coisas assim.

Bom, já faz tempo que quero falar com você sobre o chamado "identitarismo". Farei isso amanhã de manhã. Agora já são quase duas da madrugada e, apesar disso, pretendo levantar cedo.

Lulu veio me visitar e estou mais do que feliz com a presença dela. A solidão tem me feito amar de uma maneira nova cada momento que posso ter com as pessoas reais, atualmente tão raras.

Estou pensando muito em como esse exílio vai me transformar como pessoa. Eu já vejo várias coisas que mudaram. Você consegue ver o que mudou em você? Você imagina o que vai ser quando isso acabar?

Jean, eu não aguento mais.

Mil beijos com amor,
Marcia

P.S.: Aqui não se vê sol há muitos dias. Eu tomo vitamina D. Não sou feita para invernos. Tenho um frio interiorizado que trago da minha cidade natal, onde costuma fazer temperaturas abaixo de zero, um frio que me traz alguma verdade insuportável. Costumo usar o frio como um aspecto nos meus romances. Tudo se passa em invernos. Acho que te falei que eu ia para a escola a pé, no frio e na chuva muitas vezes. Lembro do minuano (o vento gaúcho) cortando as minhas orelhas. Lembro do frio nas pernas, nos pés. A minha mãe, coitada, fazia umas roupas para nós, mas não tinha condições de pensar em tudo, sem falar que eu sempre fui de perder gorros e casacos. O meu pai, coitado, tinha só uma bicicleta e, pelo que lembro, acho que nunca nos levou à escola, a mim ou aos meus irmãos. Não lembro bem. Nem sei por que te conto isso, acho que é só para que você saiba que o frio me atormenta e assim conheça um pouco melhor o lugar de onde eu venho, que, em tudo, lembra os contos mais sombrios de Kafka. Kafka, que veio dos territórios gélidos do velho Império Austro-Húngaro, bem que podia ter nascido e crescido no Rio Grande do Sul.

OITAVA PARTE

Longe do verão

Barcelona, 28 de janeiro de 2022 (inverno)

Querida Marcia,

Comecemos pelo inverno e pelo frio... Se eu estiver me repetindo, você e os leitores e leitoras que me perdoem: quando eu estava no Brasil, acreditava que era um "homem inverno" ("Quantos homens eram inverno e outros verão?", lembra desse verso da música de Zé Ramalho?) porque não me encaixava na cultura de praia-suor-e-cerveja que imperava nas duas cidades em que vivi mais tempo, Salvador e Rio de Janeiro; raramente tirava a camisa e gostava de usar meu casaco de couro marrom e minhas botas à noite. Quando viajava de férias, sempre escolhia lugares mais frios e até via o inverno com certo romantismo. Contudo, minha relação com a estação começou a mudar quando fui morar em Cambridge em razão do convite da Universidade Harvard para integrar o programa Scholars at Risk. Quando cheguei lá, era outono (a estação de que mais gosto), e a paisagem da cidade tinha aqueles tons terrosos e amarelos. Eu estava feliz com o convite e cheio de ideias. Até que veio o inverno de verdade, começando pela neve e descendo para as temperaturas negativas. Junto com ele, naquela virada de 2019 para 2020, veio a pandemia. E então descobri que não, não sou um "homem inverno". Meu corpo reagiu ao clima hostil na forma de alergias respiratórias que eu não tinha antes e que contribuíram para meu estado de ansiedade. Quando fui aprovado no doutorado da Universidade de Barcelona, na primeira oportunidade, em meio à pandemia, troquei a Nova Inglaterra pelo Mediterrâneo, com todas as incertezas e riscos. E foi a melhor decisão. Descobri, da pior forma, que não nasci para invernos rigorosos. Aqui, a temperatura cai até no máximo 2 graus. E isso para mim já é insuportável, já sofro muito. Imagine se estivesse em Cambridge, ou em Paris ou Berlim? Seguramente estaria deprimidíssimo.

Por falar em inverno, hoje li a triste notícia de que o fotógrafo René Robert, de 84 anos, morreu de hipotermia numa rua de Paris. Ele passou mal, caiu no chão e ali permaneceu por nove horas sem que ninguém o socorresse. Sim, a causa técnica foi hipotermia, mas a causa real foi a indiferença das pessoas, apressadas e insensíveis sob o açoite do neoliberalismo. Por mais frio e duro que seja um inverno, nada mais mortífero do que o inverno da alma.

Sou, portanto, não um homem verão, mas um homem outono, de dias de céu azul e temperatura suportável com a roupa adequada, como o de hoje em Barcelona. Tomei sol de manhã caminhando com Sig, mas também tomo vitamina D.

Ontem, Angélica Sátiro e eu falamos muito de você. A convite dela, fui conhecer a Fábrica de Artes Roca Umbert, em Granollers, uma cidade no entorno de Barcelona.

Marcia, que equipamento de cultura impressionante! Trata-se de uma antiga fábrica têxtil com seu maquinário preservado como patrimônio histórico, mas com todo o resto reaproveitado para as instalações de uma biblioteca, salas da universidade aberta, oficinas de artesãos, ateliês de artistas plásticos, teatro, circo, concertos e de dança... Um espaço incrível. Tudo lá parece ruína, mas já é construção: o contrário do Brasil de Bolsonaro. Olhando os espaços de exposição de obras de arte, vislumbrei seus lindos, impactantes e gigantes (em todos os sentidos desta palavra) trabalhos expostos. Como sua arte é potente, Marcia. Que artista você é. Conversando com o diretor da Roca Umbert, eu disse a ele, quando Angélica sugeriu que fizéssemos uma exposição lá: "Bom, Marcia Tiburi é uma artista plástica de verdade e com formação, eu sou apenas um intelectual público que também se expressa pelas artes visuais" (risos).

Amiga, acho que você não deve ter pudor algum de colocar sua arte à venda na internet, seja para bancar sua vida, seja para doação. Não sei se te contei, mas Francesc Badia conseguiu vender oito dos meus trabalhos com jornais para colecionadores. É óbvio que, no meu caso, o valor documental supera a qualidade artística, na medida em que tudo é muito intuitivo e improvisado, sem rascunhos: o que sai, sai, e é o que é com sua beleza e imperfeições, como eu mesmo. Agora, imagina ali o seu trabalho, fruto de uma disciplina invejável!

Queria tanto você aqui mais perto de mim... Queria tanto ter condições de lhe trazer para cá como você merece. Não gosto de sua solidão. Fico a imaginá-la sofrendo e me pesa a alma. A notícia de que Lulu foi te visitar me encheu de alegria, saiba. Mande beijos meus para ela e um abraço demorado.

Sofro também quando você me conta sobre a reação dos advogados em relação a seu caso. Você tem razão e não vou contestá-la: sim, existe um machismo e/ou uma misoginia inconsciente que impede os profissionais de terem empatia e de se indignarem a ponto de dizer: "Vamos processar seus difamadores e ganhar essa causa!" É fato. Vejamos as distintas reações do próprio PT nos casos do golpe contra Dilma e da prisão injusta de Lula. Ficou claro que Lula gozou de muito mais solidariedade, o que me entristece. Dilma merecia uma defesa maior, uma deferência, mas ela é mulher... e, por isso, tudo muda. Lembro também do completo descaso da Polícia Federal em relação às denúncias de ameaças de morte que eu apresentava. Não os comovia em nada. Eram protocolares pelo simples fato de que eu era deputado federal. A impressão que me dava era a de que eles não investigavam nada porque, no fundo, em algum lugar escuro de suas subjetividades homofóbicas (nesse caso, falo de homens e mulheres policiais), concordavam com a violência que eu estava sofrendo porque eu sou gay e tenho orgulho de minha orientação. Em suas fantasias homofóbicas inconscientes, o melhor era que eu fosse mesmo "fuzilado num paredão como profilaxia", para usar aqui as palavras que a desembargadora de extrema direita do Tribunal de Justiça do Rio de Janeiro, Marília Castro Neves, usou em relação a mim em sua comunicação com outros magistrados igualmente homofóbicos. Eu a processei, claro.

Essa desembargadora vil e execrável também foi uma das primeiras a difamar a memória de Marielle Franco, apenas algumas horas depois de seu brutal assassinato. Fiz uma conferência em Harvard só sobre esse processo terrível de desinformação por meio do qual se tentou matar duas vezes uma mesma pessoa. Castro Neves, óbvio, era aluna de Olavo de Carvalho, assim como toda essa extrema direita nazifascista (perdoe-me o pleonasmo!) que entrou em metástase no seio das próprias instituições democráticas. Ao contrário de você e de outros tantos, eu não subestimava Olavo de Carvalho. Evitava lhe dar palco e polemizar diretamente com ele, mas sabia de sua capilaridade na direita brasileira, em especial entre jovens fracassados, incompetentes, sem habilidades e preguiçosos em relação à aquisição do conhecimento científico e filosófico, como os pilantras do MBL. Carvalho era um espertalhão líder de uma seita, à qual se juntavam imbecis vazios de pensamento e sem repertório cultural, como Sergio Moro, a própria Castro Neves e os filhos de Bolsonaro. Ele está no hall das mentes diabólicas e sombrias que, tais como ratos de esgoto, esperam que tudo seja noite e fétido para saírem às ruas. Sua morte deixa o mundo mais leve. Ele deixou, porém, larvas que ainda vigoram nas mentes do ninho assanhado com sua morte.

Quanto ao exílio, amiga, digo-lhe que ele já me transformou muito. Já sou mesmo outra pessoa. Um exemplo básico dessa transformação é o enraizamento do castelhano em minhas estruturas cognitivas. Muita coisa eu já só penso em espanhol, não mais em português. A sintaxe da língua está tomando minha escrita aos poucos. Disso, você pode deduzir o quanto estou diferente, e o quanto estarei ainda mais quando chegar a hora de voltar.

Espero que esta hora esteja perto. Tenho muita saudade de abraçar e estar fisicamente com os meus, com os nossos.

Fique bem.

Te amo sempre,
Jean

Odiar ou entender?

Jean, amigo amadíssimo,

Hoje é 31 de janeiro e amanhã é lua nova em Aquário. A novidade é que teve um raio de sol por aqui.
Então pensei o seguinte.
Para pessoas como eu e você, que vivemos na política da verdade, o exílio é um ato de resistência. A rotina é, além de tudo, uma organização mental necessária à sobrevivência cotidiana. É evidente, nessa tua forma de organizar o tempo, que você não consegue se desligar do Brasil. Mas, Jean, o exílio é justamente isso. Ele encontra a sua expressão conceitual nessa experiência da borda. Um exilado não vai embora. Ele habita essa zona de exceção do tempo. E certamente do espaço, pois nossos corpos estão em um lugar que não é o nosso. O exílio é realmente um limbo.
Eu não suporto mais esse limbo. Não suporto viver sem poder ir ao Brasil. Se o fascismo continuar por lá, eu não sei o que farei.
É um pesadelo político, e isso precisa ser exposto. Não espero que os nossos detratores e *odiadores*, profissionais ou não, entendam o que digo. Odiar oferece mais compensação

do que entender. E esse é o desafio que cabe a uma professora de filosofia.

Dentre os vários assuntos pendentes, coisas que prometi falar e que não vou conseguir falar de todo, tem um tema que não posso deixar passar. Já me vem à mente a carta do Enforcado no tarô. Posso dizer que essa carta serve de arquétipo a esses anos em que a experiência de viver sem chão assumiu um lugar profundo em minha vida. Lembra da carta? O Enforcado está com a cabeça dentro de um buraco e preso pela perna. Não pode pisar o chão. Na verdade, não há chão.

Não é menos importante dizer que o exílio me serviu para pensar no meu problema particular com o enraizamento e o desenraizamento, como comentei em algum momento com você. Talvez justamente por esse pano de fundo pessoal, que concerne sobretudo à história da minha família paterna vinda da Itália (coisas que a gente resolve na psicanálise), eu esteja suportando (eu escreveria esse verbo em caixa-alta) ficar sem chão atualmente. Eu voltei no tempo, e parece que encontro agora pessoas que viveram sem lugar há mais de um século. Imigrantes que carregaram a dor de não poder voltar, e as gerações desterradas que lidaram com a dor de não saber de onde vieram, como meu bisavô menino dentro de um cesto em uma roda de expostos. A história que te contei sobre a minha família foi escrita em um pedaço de papel. O meu bisavô era meio Moisés e eu sou meio judia errante (não dá tempo de explicar isso, mas se um dia a gente lembrar, te falo do *Mal de arquivo* do Derrida). Não é por acaso que, em meus romances, a errância, o êxodo, o exílio, o não lugar e a distopia estejam sempre presentes. Ora, quem, não tendo lugar, ainda tem amor no coração, vive de imaginar um lugar melhor, a utopia de outro mundo possível.

    Às vezes, me pego me perguntando por que suporto esse exílio. Não sei exatamente por quê. Sei por que saí do Brasil, sei por que não voltei. Não tinha outro jeito, não deu para voltar. Mas não sei bem como suporto o exílio senão quando penso que estou buscando algo. Parte desse "como" se refere aos amigos que me amparam. Jean, eu estou me mudando (ainda não sei para onde) de um lugar onde vivi por mais de um ano, um estúdio de um casal de amigos que pagam até a minha conta de luz e o aquecimento, amigos com quem posso contar para tudo. Isso é amparo mesmo. Sinto uma gratidão que nem sei expressar. Noto que outros amigos tentam me proteger o tempo todo, cada um com o que pode fazer. Eu nunca gostei de ser ajudada. Mas está me fazendo muito bem ser ajudada. Está me ensinando a pensar que devo ajudar mais e mais. E que o amparo — que tem a ver com o cuidado sobre o qual falávamos — precisa se tornar política de Estado, mais do que nunca. Até que a vida se torne justa.

    A outra parte desse "como" relacionado a suportar esse tempo imenso e interminável tem a ver com a universidade francesa, e uma outra parte com a arte e sua promessa de felicidade. E felicidade aqui quer dizer apenas potência da linguagem. Essa é a parte do exercício do exílio que me cabe. Tento não adoecer, Jean, e, por isso, sigo tentando ficar inteira. Reconhecer e te confessar essa fragilidade é algo que me humaniza, digamos assim. Eu sempre fui muito dura e até mal-humorada, as coisas me cansavam muito facilmente e, muitas vezes, fui uma pessoa grosseira na minha expressão; então, me reconhecer nesse lugar me ajuda na minha viagem espiritual.

Essa viagem, que eu vivo justamente como uma viagem espiritual, na prática é um desarranjo completo da vida. Eu não lastimo por mim (eu não consigo lastimar demais, pois tenho um imenso *amor fati*, de fato, amo o destino seja ele qual for), mas lastimo pelo coletivo, imaginando que, no futuro, haverá mais e mais exilados, mais e mais violência e destruição dos territórios onde é possível viver democraticamente. A pandemia já exilou muita gente, pelo menos umas das outras. Ela também deu a consciência a muitas pessoas acerca das formas de exílio vividas por elas mesmas não apenas como metáfora. Há exilados em sua própria casa, coisa que nós, de algum modo, também fomos. Mas é um fato que o exílio físico e político, efeito de uma sociedade autoritária, que é o que eu e você vivemos, se torna cada vez mais normal devido às guerras e guerrilhas políticas e à destruição fascista das democracias do mundo. A morte das democracias desterritorializa as pessoas, desenraíza populações inteiras. Somos apenas exemplos do Brasil.

Eu e você somos expatriados em um sentido muito complexo: somos os proscritos, os banidos de um país que foi posto em estado de exceção, somos os desterritorializados, os desterrados que, como o Enforcado do tarô, não têm um chão para colocar os pés. Sabe, não é à toa que a maior parte das minhas pinturas dessa época tenham se chamado *Terr'Adorada* e nasçam de uma mesma fonte. Eu tentei, em

2018, quando saí do Brasil, desenhar um buraco. Não era algo consciente. A produção visual, como você bem sabe, não vem de uma inspiração tão direta. Ela é sempre alusiva. Dessa tentativa de fazer um buraco, veio a terra ferida, e aos poucos a memória do Brasil, da América Latina e do mundo.

Quantos imigrantes, quantos demandantes de asilo, quanta gente expatriada, quanta gente sem lugar vivendo aqui na Europa, buscando lugar em países que, muitas vezes, apenas toleram os seus próprios descendentes? Certamente há o acolhimento de muitos e por parte de muitos. Mas ainda é pouco perto do contingente imenso de pessoas que vão perdendo seus países na destruição das democracias. As democracias equilibram o mundo. O mundo sem democracia caminha para a destruição. Claro que estou pensando aqui em uma democracia radical, feita de gente real que é enjeitada pelo poder. No Brasil, quanta gente sem casa, sem emprego, sem ter o que comer, é vitimada pela falta de democracia? O chão chamado Brasil também desaparece de sob seus pés.

Meu maior medo, Jean, é ver a humanidade (vou usar essa palavra provisoriamente) muito pior do que está. Nunca esqueci do cacique Juruna dizendo que, se os indígenas tinham perdido seu mundo, por que nós, os brancos, não perderíamos o nosso? Não somos uma espécie especial que não está em risco de extinção. A extinção não é uma fantasia. Essa é uma questão que precisamos ter em vista se quisermos avançar como comunidade humana. Eu tenho tentado refletir sobre o que venho chamando de ecossocialfeminismo — um termo que afirmo para dar conta da prática de uma sociedade do cuidado e do diálogo. Para resumir, vejo essa prática sendo experimentada no dia a dia do MST (com quem pretendo morar se me mudar de vez para o Brasil).

Mas um assunto pendente, meu querido, implica um relato breve do que foi feito contra mim relativamente ao processo de destruição da linguagem em curso. Estamos falando sobre tudo porque, na condição de exceção, vítimas de um estado de exceção, temos o dever de dar o nosso testemunho. Me permita uma digressão: cada ser humano, como qualquer outro ser existente, é um microcosmo. Dizer que somos indivíduos ou sujeitos é bem pouco perto do fato de que somos um mundo, corpo-espírito em estado de complexidade. Somos um mundo dentro de outros mundos. Criamos mundos, partilhamos mundos, nascemos dentro de mundos que se atravessam e interseccionalizam. Me lembro de uma lição de matemática na escola, quando eu era menina, que me marcou profundamente. Eu devia ter de 7 para 8 anos. Lembro da professora ensinando que o espaço entre dois conjuntos que se cruzavam se chamava "interseção". Fiquei apaixonada por essa imagem e quando descobri o feminismo interseccional era algo tão lógico que só restava seguir na sua direção.

Eu estou reunindo essas questões para dizer que o mundo é feito de linguagem. Linguagem é mundo, mundo é linguagem. Linguagem é uma forma de articulação. A guerra da extrema direita contra a democracia é uma guerra anticultura, e isso quer dizer guerra contra a interseção, que é uma imagem perfeita para o diálogo, a saber, o encontro de mundos. A guerra da extrema direita é uma guerra antimundo e feita contra a linguagem reflexiva e criativa. Se houver fascismo não haverá mais mundo, pois a destruição fascista é um método para produzir mais e mais destruição até o limite de destruir o seu próprio mundo antimundo. A natureza da linguagem é produzir mais linguagem e, dessa forma, cultura e vida, algo que depende da possibilidade de interseccionalizar mundos. No processo de destruição, essa potência é eliminada. O fascismo não é ruim apenas para os não fascistas, mas ao fim e ao cabo para todo mundo. Na lógica da desgraça que plantam, eles se eliminarão também uns aos outros até o fim do último fascista.

Quando vejo a quantidade infinita de disseminação de desinformação contra mim, fico muito preocupada com a minha segurança, mesmo que o Brasil volte a ser uma democracia formal. Veja o circuito de ódio organizado em torno daquela história da "lógica do assalto", por exemplo. Há incontáveis vídeos, volto a lembrar de um rap (estranhamente de direita) feito com um recorte de uma fala minha de uma entrevista de 2015 que começou a aparecer em janeiro de 2018. O advogado disse que não tem o que fazer porque sou uma pessoa política. Só que isso não é bem assim. Sou Política com P maiúsculo, como qualquer intelectual público, mas não sou política com p minúsculo. Não tenho cargo! O advogado não achou que a campanha de desinformação e difamação que foi orquestrada contra mim pudesse ser defendida juridicamente. Eu sou um *homo sacer*, uma pessoa desprotegida pela lei, entende? Você lembra? Até meu ex-

-companheiro, que era juiz, achava que não adiantava nada eu processar meus detratores. Eu já sofria essa campanha de difamação desde bem antes da minha candidatura em 2018. Eu já vinha sofrendo esse acosso desde o começo daquele ano, de modo programático, sistemático e muito bem organizado, de uma maneira diferente do que eu tinha visto antes por parte da extrema direita, inclusive no comportamento do velho guru bolsonarista recém-falecido. Os recortes de vídeo começaram a aparecer no final de janeiro de 2018, no dia seguinte à entrevista na Rádio Guaíba para a qual o Juremir Machado chamou um integrante do MBL para participar do programa sem me avisar, numa emboscada midiática horrível. Quando percebi a situação, abandonei o estúdio prontamente. De fato, não posso me defender disso na Justiça, por isso só me resta a saída filosófica. Uma saída que não significa abandono da luta contra a canalhice orquestrada, contra as invasões por parte do MBL nos meus lançamentos de livros em 2018. Explicar o sentido de um argumento é uma tarefa e, desde o ocorrido na Rádio Guaíba, respondo publicamente sobre minhas palavras e meu ato de ter deixado aquele maldito estúdio. Mas o circuito de ódio não tem sido interrompido, ao contrário, ele é sempre recolocado porque ele é uma produção tecnológica que envolve uma guerra de poder na qual minha imagem é um objeto. Esse circuito de ódio é produzido por uma máquina publicitária de extrema direita. A minha imagem virou uma mercadoria. Minha imagem vem sendo monetizada. Você sabe melhor do que eu como é isso. É o que você vive todos os dias. Dilma Rousseff valeu muito nesse mercado. Manuela d'Ávila, Debora Diniz, você e eu também. Nós rendemos muito dinheiro para os *haters* profissionais.

Agora, o que me preocupa não é só o recorte pérfido e os ataques a mim. De fato, eu sou muito mais interessada na minha obra, que eu sigo fazendo, do que na minha vida. O que me preocupa é a mistificação da ininteligibilidade. Ou, em termos mais simples, a utilização da ininteligibilidade como arma de guerra. O que me atinge é o que eu mesma venho trabalhando em termos conceituais. Eu sou uma vítima do que chamei de retórica do desnorteio. Nessa retórica, o ódio se dirige, nesse caso, não apenas a mim, mas à própria lógica, aos processos de pensamento, à linguagem como um todo. Há um nível de distorção produzido pela simples exposição do que eu falei, algo que se alimenta da exposição da distorção cujo meio é a minha imagem sequestrada para os fins do gabinete do ódio. O que eu posso fazer contra isso não é jurídico, é filosófico. Continuarei fazendo, mas não sei realmente se a verdade conseguirá vencer a mentira e o ódio. O trabalho é imenso para livrarmos o planeta dessa praga digital que são as *fake news*.

Recebi uma mensagem do meu amigo mais pessimista, o Gaudêncio Fidelis, que me comoveu muito, justamente porque ele é muito crítico e muito desesperançoso, e eu aprendo com as pessoas que, não assumindo as esperanças fáceis, acabam trabalhando para mudar o mundo lançado em um desespero infinito. Me refiro a um mundo de desespero como o que vivemos hoje sob o fascismo, o racismo, o machismo, o capacitismo e todo o delírio preconceituoso usado como arma política do identitarismo do macho branco capitalista (mesmo quando não é branco, como no caso de muitos fascistas brasileiros que gostariam de ser brancos porque têm complexo de vira-lata). A mensagem do Gaudêncio era evidentemente fruto de um otimismo ético-político que, diante da dimensão trágica da vida, e da catástrofe política e social, resultado de jogos que escondem interesses econômicos, serve para levantar, sacudir a poeira e dar a volta por cima.

Eu te falo dele porque a saga do *Queermuseu* não pode ser esquecida, assim como não pode ser esquecido o que foi feito contra Wagner Schwartz com sua performance *La Bête*, também em 2017. Vários outros artistas padeceram por meio dessa estratégia, como Elisabete Finger e Maikon K. Essas campanhas compuseram o processo estratégico da extrema direita na manipulação e fascistização das massas do qual o MBL foi o protagonista. Seus membros atuaram na qualidade de agitadores fascistas, termo que encontramos em Theodor Adorno para explicar o nazifascismo alemão. A arte faz pensar e, como tal, está inserida no processo de evolução da linguagem, contra a qual o fascismo age. A relação entre todos esses ataques é evidente.

O pensamento reflexivo é o grande inimigo do fascismo, já dizia Adorno. E temos que fazer o pensamento reflexivo vencer. Eu escolho mais uma vez esse caminho. Não me importo aonde ele me possa me levar, eu o seguirei até o fim, sem atalhos e sem baixar a cabeça.

Para você todo o amor sempre,
Marcia

Barcelona, 1º de fevereiro de 2022 (fim do inverno)

Amiga querida,

Você sabe — e eu já te repeti isso algumas vezes — que, se depender de mim, de minha memória e de minha palavra, nada será esquecido. Nada! O testemunho e o que a memória guarda são as minhas armas a favor da justiça da história e, talvez, de algum tipo de reparação futura. Wagner Schwartz, Gaudêncio Fidelis, *Queermuseu*, Maria do Rosário, Manuela d'Ávila, Erika Kokay, Dilma Rousseff, Lula, MST, MTST, Boulos, Debora Diniz, Marielle Franco... Não, não vou me esquecer das vítimas, tampouco dos algozes! De todos os algozes, incluindo todos os jornalistas que — desde veículos de comunicação hegemônicos e "respeitados", colaboraram direta ou indiretamente para a ascensão do fascismo no Brasil e que, agora, tendo este quebrado o pacto com os liberais de direita (como sempre acontece na história do fascismo), ameaçando-os com a violência que já perpetrava contra os pobres e contra a dissidência política democrática — querem agora passar uma borracha sobre o passado recente. Jornalistas e/ou comentaristas como Juremir Machado, Miriam Leitão, Vera Magalhães, Reinaldo Azevedo, Augusto Nunes,

Marco Antonio Villa e Merval Pereira — entre outros que colaboraram, por meio da desonestidade intelectual e da má--fé, para o vazio de pensamento e para o ódio antiesquerda que cresceram na sociedade brasileira a partir de 2013 e culminaram na eleição de um governo de criminosos fascistas e incompetentes em 2018 — serão sempre evocados na hora que eu contar como um abismo engoliu o Brasil.

Este nosso livro, Marcia, é um testemunho que rondará, como um poderoso espectro, qualquer "história oficial" que deseje nos apagar ou apagar os fatos a que nos referimos. É um "arquivo do mal" que resistirá à sua queima. Sim, eu conheço o *Mal de arquivo*, o ensaio de Derrida. Refiro-me a ele em minha dissertação de mestrado — *Relatos infames* — sobre o testemunho dos sobreviventes da chacina do Carandiru, em 1992, como fontes que "a história oficial" da imprensa comercial e do Judiciário buscou a todo custo silenciar e/ou ocultar. Nesse caso, o mal (a chacina perpetrada pelos policiais) produziu um arquivo na forma dos corpos mortos que carecia de um relato. Minha orientadora nessa empreitada foi a genial Eneida Leal Cunha, a quem sou grato.

Em situação de violência e de impunidade extremas, sejam as que produzem corpos (caso do Carandiru), sejam as que tornam inviável a permanência no país (como em nosso caso), o testemunho costuma ser o último lugar em que se pode dar forma, por meio da palavra ou do desenho, à ofensa contra quem, como nós, só conta com as próprias palavras e/ou habilidades para se expressar. Para a camarilha de fascistas e neoliberais em pele de "democratas" que assaltaram (mais uma vez!) a democracia brasileira em 2016, não será fácil conter a força dos nossos testemunhos e dos testemunhos em geral.

Depois de uma estreia na ficção, com meu livro de contos *Aflitos*, de 2001, minha literatura tem sido basicamente a "literatura do testemunho", por meio da qual não me esqueço nem deixo que se esqueçam, por meio da qual resisto politicamente e me reinvento como pessoa.

O exílio é, sem dúvida, uma falta de chão. Um limbo, como você bem disse. Uma travessia. Contudo, devido ao que aprendi com a história do povo judeu (e eu me identifico muito com a "judeidade"), afirmo que é preciso manter uma identidade mesmo sem chão, sem terra; mesmo em diáspora… Desde que saí do Brasil, é o que venho tentando fazer: manter-me inteiro para quando chegar à "terra prometida". Ao contrário de você, eu adoeci, como lhe contei em carta anterior. Pânico e ansiedade e uma paranoia difusa me desestabilizaram por um momento. Mas eu os venci! E há muito voltei para o meu eixo, para o meu eu. Por isso, o exílio tem sido menos insuportável.

O acolhimento e os amigos e amigas em todos os lugares onde morei neste exílio — Berlim, Cambridge, Barcelona — foram fundamentais para que eu não sucumbisse e me reinventasse a cada dia. Eu lhes agradeço muito. E por toda vida lhes serei grato. Não vou citá-los nominalmente porque será muito injusto se eu me esquecer agora de algum deles ou alguma delas.

Principalmente em Barcelona, consegui refazer algo mais perto do que eu posso chamar de lar. A cidade me fez melhor. Nela, pude retornar ao prazer de ser anônimo e de me relacionar também com pessoas sem qualquer expectativa sobre mim, as pessoas simples e trabalhadoras que carregam a cidade nas costas. E, quando eu voltar para o Brasil, um pedaço de mim seguirá aqui.

Eu também estou me mudando, Marcia. Vou morar com Anna Oswaldo Cruz, alugar um espaço no apartamento dela. Minha ideia é economizar, amiga. Porém, a companhia da Anna — uma mulher adorável — também me fará bem. Julie Wark me chamou para morar em sua casa, mas eu declinei, porque ainda estamos sob a pandemia e ela é uma senhora de mais de 80 anos; não quero colocá-la em risco de forma alguma. Caso eu precise, há outras casas à minha disposição aqui. Graças à amizade. A amizade é o que vem salvando o mundo.

Aliás, nossa amizade tem um lugar especial em minha vida. Nossas histórias são parecidas em muitos pontos e temos muita identificação intelectual. Fico feliz de nossa primeira parceria — o prefácio que fiz para seu best-seller *Como conversar com um fascista*, a precisa leitura de conjuntura que te colocou, ao meu lado, sob a artilharia de mentiras e ameaças da extrema direita brasileira — ter nos trazido a este livro.

Obrigado, Marcia! Aqui nós dois pudemos dizer o que não se pode dizer. Foi você quem me disse que Theodor Adorno define a filosofia desta forma: dizer o que não se pode dizer. Infiro que Adorno tenha como fonte o filósofo da linguagem Ludwig Wittgenstein, que se dedicou a pensar os limites da linguagem, ou seja, o que não se pode dizer. A mística e escritora espanhola santa Teresa d'Ávila dizia que, ante o inominável — aquilo que não se pode dizer —, inventava palavras, ou seja, por meio de seus poemas, logo, da arte, ela trazia, para a linguagem, aquilo que antes esta não compreendia. A psicanálise no fundo é isto, né?

Mais uma vez, obrigado, Marcia! Seu diagnóstico de que o fascismo é, ao fim e ao cabo, ruim para os próprios fascistas é preciso. O fascismo tem ameaçado desde sempre a humanidade e o planeta, mesmo antes de ser assim chamado. Mas acredito que, uma vez mais, esse mal será derrotado pela pulsão de vida que também e sobretudo nos move. A história nos ensina como a humanidade sobreviveu a atrocidades e impérios; que tiranos que se pensavam eternos hoje não passam de pardas lembranças; que os vastos impérios que se ergueram sobre a exploração e a escravidão hoje não passam de ruínas turísticas.

A humanidade sobreviverá, minha amiga. E o planeta também. Não haverá o fim. No máximo, haverá o fim do mundo como o conhecemos, como se passou com os povos ameríndios e os escravos africanos quando os invasores europeus chegaram em suas terras.

Mas, veja a ironia: hoje escrevemos este testemunho desde a Europa, assombrada mais uma vez pelos fantasmas da barbárie que os europeus perpetraram contra suas antigas colônias. Nós dois acolhidos pela Europa em nosso esforço de sobreviver ao mal que a Europa plantou nas Américas e na África.

A vida são estas contradições e complexidades. Pensar sobre elas é confrontar o vazio de pensamento e os clichês dos fascistas.

É o que estamos fazendo. É o que vamos fazer doravante.

No final, há de haver alguma justiça. Sempre há.

Te amo, Marcia.

Até nosso abraço presencial, amada,
Jean

A primeira edição deste livro foi impressa em julho de 2022, dez anos após a fundação da Comissão Nacional da Verdade (CNV), colegiado criado para apurar as violações aos direitos humanos cometidas pelo Estado brasileiro durante a ditadura civil-militar (1964-1985). De acordo com os dados oficiais, 434 pessoas foram mortas ou estão desaparecidas e 20 mil foram torturadas. Estima-se que mais de 5 mil brasileiros e brasileiras se exilaram como forma de preservar a própria vida.

Apesar das denúncias da CNV, até hoje nenhuma de suas recomendações foi considerada pelo Estado.

Este livro foi composto em Adobe Caslon Pro, corpo 11/15,8. A impressão se deu sobre papel off-white pelo Sistema Cameron da Divisão Gráfica da Distribuidora Record.